数字化转型

数字经济重塑企业创新优势

余静宜　胡　凯◎著

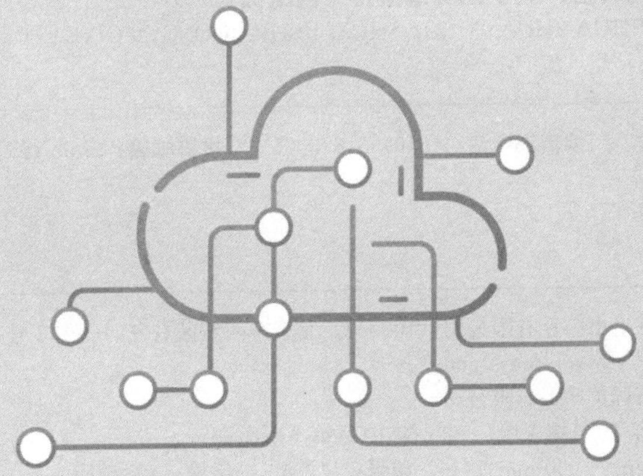

中国铁道出版社有限公司
CHINA RAILWAY PUBLISHING HOUSE CO., LTD.

图书在版编目(CIP)数据

数字化转型:数字经济重塑企业创新优势/余静宜,胡凯著.—北京:中国铁道出版社有限公司,2022.10
ISBN 978-7-113-29192-1

Ⅰ.①数…　Ⅱ.①余…　②胡…　Ⅲ.①数字技术-应用-企业管理-研究-中国　Ⅳ.①F279.23-39

中国版本图书馆 CIP 数据核字(2022)第 090766 号

书　　名: 数字化转型:数字经济重塑企业创新优势
SHUZIHUA ZHUANXING: SHUZI JINGJI CHONGSU QIYE CHUANGXIN YOUSHI
作　　者: 余静宜　胡　凯

责任编辑: 马慧君　　**编辑部电话:**(010)51873005　　**投稿邮箱:** zzmhj1030@163.com
封面设计: 宿　萌
责任校对: 苗　丹
责任印制: 赵星辰

出版发行: 中国铁道出版社有限公司(100054,北京市西城区右安门西街 8 号)
网　　址: http://www.tdpress.com
印　　刷: 三河市国英印务有限公司
版　　次: 2022 年 10 月第 1 版　2022 年 10 月第 1 次印刷
开　　本: 710 mm×1 000 mm　1/16　**印张:** 15.25　**字数:** 195 千
书　　号: ISBN 978-7-113-29192-1
定　　价: 68.00 元

前　言

随着5G、云计算、大数据、物联网、人工智能等新一代信息技术不断发展，信息技术与实体经济的融合程度越来越深，使全球经济呈现鲜明的数字化特征，人类社会也因此进入以数字化为主要标志的新时期。在此形势下，全球经济呈现出数字经济与传统经济新旧交织、破立并存的新特点，快速发展的数字经济正在推动传统经济加速变革，成为经济发展的新引擎。

尤其是在我国经济发展从规模化增长转向高质量发展的新阶段，数字经济已经成为驱动经济发展的新动能。为了在这场广泛而深刻的改革中抓住机遇，一些企业开始引入物联网、大数据等新技术，积极推进数字化转型。

作为目前的一个热门话题，数字化转型如之前的信息化转型一样在各行各业掀起了改革浪潮，一方面颠覆传统行业的运营模式，另一方面催生新的行业。例如，淘宝、京东等网络购物平台的出现颠覆了传统的零售模式；支付宝、京东金融等互联网金融工具的出现改变了金融模式；打车平台改变了人们的出行方式；新媒体改变了人们获取信息的方式等。这样的改变每天都在发生，而且范围越来越广。

虽然很多人习惯将数字化转型与信息化转型放在一起进行谈论，但二者存在本质区别。

信息化转型主要是用计算机取代纸笔进行记录、处理、传递信息，提高信息的传递效率与处理效率，利用办公软件改造企业的业务流程，降低企业的管理成本，为管理者的决策提供更多科学依据。

数字化转型则是一个系统工程，需要企业从业务体系与运营体系入手，打通供给端与需求端，再延伸到整个产业生态。在这个过程中，企业不仅要引入大数据、人工智能、云计算、物联网、区块链等新技术，实现技术与商业模式的深度融合，还要推动企业战略、组织结构以及人才机制的系统性变革。所以，从本质上看，数字化转型是一场认知革命与思维革命，这一点与信息化转型完全不同。

至于为什么要推进数字化转型，不同的企业有不同的看法。有些企业的数字化转型是主动选择的结果，有些企业的数字化转型则是被动的。

从外在层面看，突然暴发的疫情加速了人们消费模式与消费习惯的变革，线上购物、居家办公、在线学习、在线问诊等，数字化生活、工作、学习方式的流行培养了一大批数字化的个体。为了理解这种变化，满足人们的新需求，企业必须开展数字化转型。同时，随着物联网、大数据、人工智能等数字技术的广泛应用，行业、企业正在发生深刻变革。如果企业故步自封，不积极开展数字化转型，就会错失新一轮发展机遇，最终有可能被市场淘汰。从某种意义上讲，数字化已经成为企业的基本功。

从内在层面看，数字化转型已经成为企业降本增效、提高风险抵抗能力的必然选择。企业可以利用数字化工具打通业务流程，高效地处理各种信息与业务，加速信息在各部门之间的流动，降低员工的沟通成本，提高整体的运营效率。业务流程简化之后，企业就可以根据市场变化灵活地调整业务发展目标与发展战略，对外界突发事件做出快速响应，提高抵御风险的能力。

总而言之，数字化已经成为经济新的战略增长点，成为社会经济发展的必然趋势。对于企业来说，数字化转型已经不是一道选择题，而是一道必答题。

一般来讲，企业的数字化转型要经历两个阶段：

第一个阶段是从一些具体的场景入手实现数字化。例如，引入 ERP(Enterprise Resource Planning，企业资源计划）系统或者 CRM（Customer Relationship Management，客户关系管理）系统对生产、管理、销售等环节进行数字化改造，实现降本增效，这些具体的场景可以让人们对数字化产生比较清晰的认知。

第二个阶段是充分发挥数据的核心价值。在数字经济时代，数据是企业一项非常重要的资产，随着人工智能、云计算等技术的深入应用，企业积累的数据规模会不断增长。通过对这些数据进行充分挖掘，企业可以获得很多有价值的信息，为管理决策的制定、发展方向的调整、潜在风险的预警等提供强有力的支撑。

目前，大多数企业的数字化转型仍停留在第一阶段，没有取得预期的效果。由此可见，企业的数字化转型并非易事。

本书立足于数字经济发展的大背景，从数字化战略融合、数字化转型规划、数字化组织打造、数字化人才变革、数字化产品创新、数字化品牌体验、数字化财务管理七个维度，对企业数字化转型的战略、思维、机制、方案等进行全生态探究，试图为有数字化转型意愿的企业、读者呈现数字化转型的全流程和一体化的解决方案。本书逻辑清晰、内容丰富、语言通俗易懂，不仅适合企业管理者、经营者、高校经济学专业的师生阅读，还适合对数字经济、数字化转型感兴趣的普通读者翻阅。

目　录

第一部分　数字化战略融合

第二部分　数字化转型规划

第三部分　数字化组织打造

第四部分　数字化人才变革

第五部分　数字化产品创新

第一部分

数字化战略融合

第一章

未来已来:开启数字化转型新路径

产业互联网时代的来临

随着数字技术的发展,数字经济也已经成为驱动我国经济增长的关键动力。根据中国信息通信研究院发布的《中国数字经济发展白皮书(2022)》:2021 年我国数字经济的规模为 45.5 万亿元,同比名义增长 16.2%;2012 年以来,我国数字经济年均增长速度高达 15.9%,显著高于同期 GDP 平均增速。

所谓数字经济,指的是基于对相关数据资源的识别、选择、过滤、存储和应用而达到优化资源配置和再生的目的,从而实现经济高质量发展的一种经济形态。在经济学领域中,通过直接或间接方式应用数据资源而推动经济发展的形态,均可以纳入数字经济的范畴。

从技术层面来看,数字经济所涉及的技术主要包括 5G 通信、人工智能、区块链、物联网、云计算、大数据等;从应用层面来看,数字技术与制造业结合而成的新制造、数字技术赋能零售业的新零售等均是数字经济的典型代表。与农业经济、工业经济等类似,数字经济作为一种经济形态,不仅正推动着与人类密切相关的生活方式、生产方式等领域的变革,更有望成为重塑世界经济格局的重要力量。

20 年前由英特尔前首席执行官安迪·葛洛夫提出的战略拐点概念(也即策略转折点，指的是企业的发展历程中即将发生根本性变革的时刻)依然适用于当今的数字经济时代。对不同行业的企业而言，数字化转型的战略拐点已然到来，企业转型的速度快慢和时机好坏也就成为影响企业未来生存和发展的决定因素。

世界经济论坛(World Economic Forum)联合埃森哲(Accenture)于 2018 年 5 月发布的《实现数字投资收益最大化》，通过对 1.6 万家企业的数据进行分析发现：进行数字化转型较早的企业平均生产率能够提高 70%左右，而后续效仿进行数字化转型的企业平均生产率只能提高约 30%。由此可见，企业的数字化转型具有明显的先发优势。

此外，产业互联网时代的来临，使得企业面临的竞争环境也将发生深刻的变革，这种变革主要表现在两个方面，如图 1-1 所示：

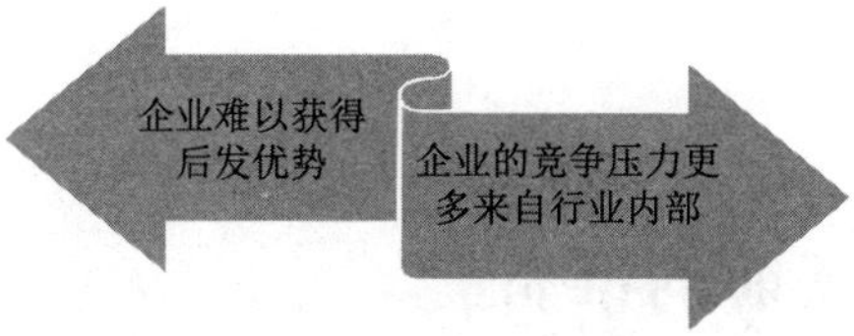

图 1-1　产业互联网时代企业竞争环境的两大变革

一方面，企业难以获得后发优势。在工业经济时代，由于信息不对称、市场开发难度大、运输成本高以及地方保护主义等方面的原因，先行改革的企业可能面临比较大的风险和压力，而后发者由于较晚行动降低了自身面临的不确定性却更有可能获得优势。但在数字经济大行其道的产业互联网时代，先行实现数字化转型的企业可以借助大规模定制结合全球配置资源的模式，获得后发者难以获得的竞争优势。

比如，借助智能制造技术，企业能够大规模地为消费者提供个性化、差异化的定制产品；借助大数据技术，企业能够对用户需求进行精准分析，并制定具有针对性的生产和营销决策；借助云计算技术，企业可以有效降低软硬件方面的支出，对企业的成本结构进行调整。

另一方面，企业的竞争压力更多来自行业内部。在消费互联网时代，各个行业之间的竞争主要是互联网企业对于传统企业的跨界竞争，比如，一些互联网出行平台就给传统的出租车企业带来了巨大的冲击。但在数字经济大行其道的产业互联网时代，互联网企业的主要身份将不再是传统企业的对手，而是成为传统企业的助手，为传统企业数字化转型提供有益思路，此时，行业内的竞争将主要表现为数字化企业与非数字化企业之间的竞争。与消费互联网时代的企业竞争相比，这种竞争方式的速度更加缓慢，却能够带来行业更深层次的升级和重构。

数字迁徙：起飞前的准备

当前，许多企业正处于发展进程的战略拐点，而投身于数字化转型的浪潮也就成为当务之急。然而，许多企业家和企业高层管理人员对企业的转型目标和转型方法没有明确的认知，对数字技术所蕴含的能量也缺乏足够的了解，甚至对数字技术安全性的判断仍有较大的误差，从而错过了企业数字化转型的关键时机。

企业需要为应对数字化转型提前做好充足的准备，就像著名经济学家沃尔特·罗斯托将工业化之前的时期称为“起飞前的准备”一样，企业进行数字化转型之前的时期也一样属于起飞前的准备。因此，企业需要在起飞前的准备时期了解与数字化相关的知识以转变对数字技术的认知，并把握企业在当前所处行业中的位置，为企业的数字化转型蓄力。

◆ **数字技术如何重塑企业竞争优势**

在互联网飞速发展的当下，企业获取数字技术的方式、方法和途径变得越来越多，数字技术的服务也为企业提供了更多便利。然而，对企业来说，如果了解数字技术却不能正确应用并不能给企业带来更多的好处。

正如《数字跃迁》一书中所强调的，数字技术并不是万能灵药，其本身难以使企业具有竞争优势，但将数字技术应用于企业的运营中并与企业的商业模式相结合，却能够使企业获得强大的内生动力。数字技术在企业中的应用具体来说包括四种方式，见表 1-1。

表 1-1　数字技术在企业应用的四种方式

应用方式	具体应用
数字化生产方式	将数字化技术应用到企业的生产当中，通过对工业互联网、智能制造等技术的应用，改变传统的大规模标准化生产模式，将它升级为从用户需求出发的大规模定制化生产模式
数字化商业模式	将数字化技术应用到企业的商业模式当中，需要企业的管理者改变过去主要依赖直觉和经验进行决策的方式，而是借助于丰富的数据资源和先进的数字化技术进行决策，并将企业的线下与线上环节进行结合，充分利用各种资源带动企业商业模式的变革
数字化管理范式	将数字化技术应用到企业的管理当中，既包括对媒体、政府、银行、合作伙伴、供应商以及客户等企业外部资源的管理，也包括对企业文化、公司员工以及组织结构等内部资源的管理

续表

应用方式	具体应用
数字化产品形式	将数字化技术应用于企业生产的产品当中，既包括智能生产设备、无人驾驶汽车以及智能家居等数字化技术与硬件产品的融合，也包括数码音乐、电子书等传统产品的数字化呈现，还包括对智能推荐服务等数字产品的创造

◆ 企业数字化转型的充分条件与必要条件

从数字化转型的概念可以看出，数字化转型的对象主要是尚未采用数字技术的企业，而对于已经尝试将数字技术与企业运营相融合的企业而言，其后续的数字化道路则是一种升级。

与已经走上数字化转型之路的企业相比，还未进行数字化转型的企业更需要明确甄别走上数字化之路所需的充分条件和必要条件。一个企业若没有识别充分条件与必要条件的能力，将无法合理分配企业资源，甚至会严重影响企业的数字化转型进程。因此，只有把握数字化转型条件的因，才能获取数字化转型成功的果。

同时，在决定企业数字化转型成功与否的众多条件中，需要准确识别哪些是必要条件，哪些是充分条件。比如，员工的素养以及企业文化等往往被认为是能在很大程度上决定企业数字化转型的要素，实际上它们均是企业数字化转型的必要条件。这就存在一个悖论。由于企业文化的形成往往需要一个漫长的过程，如果待形成良好的企业文化之后，再决定是否进行数字化转型，可能为时已晚。

企业的数字化转型是一个边干边学的过程，需要在管理人员的带领下一步步推进，在转型的过程中遇山开山、遇河架桥，而不能在开始之前先解决各个变量，导致错过转型的最佳时机。

数字化转型的底层逻辑

数字化转型在战略设计上需要除旧布新，在策略部署上需要按部就班。企业的数字化转型是大势所趋，却也举步维艰，只有对照自身发展状况，在业务、财务、技术、资源、战略等多方面进行深度探索，实现突破，才有望真正实现数字化转型，使企业在竞争日益激烈的数字化大潮中屹立不倒。

为了能够增强企业的可持续增长能力和核心竞争力，企业需要借助数字技术对组织架构、战略思维、商业模式和业务流程进行全盘颠覆性的改造，并将数据作为价值创造体系的重中之重，从而使企业员工、客户、供应商等与企业共同创造出更大的价值。

此外，企业也需要为适应更加复杂多变的环境进行数字化转型，在数字化转型的过程中不断增长驱动力，最终成长为数字化企业；要将传统的资本和技术要素、垂直化领导的组织形态、依赖经验和直觉的决策方式、串联演进的创新模式转变为更适用于数字化企业的数据要素、扁平化自组织的组织形态、智能择优的决策方式和并行迭代的创新模式。

◆ 新型要素

企业若能在生产流程、经营环节和产品的生命周期等方面形成广阔便捷的通信网络，将会加快数据的流动速度，降低开发成本，使数据深度融入企业的战略、架构、治理和业务当中，有效进行全局优化，并提升企业的运营效率。

在数字化时代到来后，企业竞争的核心已经从以前的技术要素转变为现在的数据要素，掌控更多的数据资源，拥有更高的数据管理能力、更深层次的数据应用能力的企业，才能有更好发展。因此，数据要素也就成为企业资产核算的核心要素。

◆ 新型组织

数字技术使得信息的传递更加广泛、准确、及时。随着交易成本的降低，企业在管理、机制、流程等方面也将产生巨大变化。

企业原本自上而下的垂直化管理逐渐趋向扁平化，企业内部的治理和决策水平得到大幅提升，能够充分为个体赋能，针对客户需求、项目任务、环境变化进行合理分工，运用网络化协作组建新团队的模式挖掘员工更大的创造力。由于扁平化组织不受边界限制，更能激发个体的创造性，能够使员工在跨领域、跨行业、跨主体的产业链平台上互相协作，从而实现企业的高效生产。

◆ 新型能力

被称为大数据研究的先河之作《大数据时代》一书中写道："大数据为探索未知、求解问题提供新的思维方法。"企业通过运用大数据进行探索、研究和分析，根据数据结论形成决策并制订实施计划的方式已经逐步取代传统的经验和直觉决策。

企业通过"数据＋算法"的方式获取信息、明确发展定位产生的决策比经验决策有更加确切的依据和更高的精准度。例如，企业对电子商务平台上用户购买的产品信息进行数据分析可得出用户的购买偏好和消费需求等信息，能够根据这些信息及时调整生产。由此可见，大数据比少量样本的统计信息更为准确，更有助于找到最佳方案。

◆ 新竞争力

企业不是发起创新的唯一主体，因此企业应充分利用数字平台将基础工艺、生产过程、业内经验等专业技术知识数字化、模型化，支撑创新资源的泛在连接，将知识和资源共享，提升数据资源的利用率，吸引更多的主体参与企业的创新活动，从各个不同的角度和方向实现交错融合、重组优化，从而在增加产品创新途径、缩短研发和创新周期的同时，为企业技术产品的创新提供源源不断的灵感。

企业数字化转型的六大战略

企业需要根据自身特性探寻适合自身发展的数字化转型道路，制定数字化转型战略，这是一项庞大的系统工程，涵盖了战略思维、组织架构、业务流程和商业模式等方方面面的转变。

◆ 战略数字化：企业数字化转型的思想引领

企业的管理层应当重视数字化转型工作，将之作为系统化的大工程。企业需要在思维理念、转型目标、方法路径、要素投入等多方面进行规划设计，建立数字化转型工作组并确定负责人，根据自身特点设定组织机制和激励机制，在制度上确保企业的数字化转型能够顺利进行。

具体来看，企业应从以下几个方面开展数字化转型工作，见表 1-2。

◆ 设施数字化：企业数字化转型的基础支撑

企业进行数字化转型的基础是拥有能够互联互通和安全防护的硬件设施，因此，企业需要借助 5G、云计算、大数据、物联网等数字技术升级硬件设施的系统和接口等。

表 1-2　企业数字化转型的三大层面

三大层面	具体内容
战略把控	数字化转型应在企业领导层的带领下拟定战略规划和行动计划，并确保有稳定的资金投入
扁平化管理	实行以业务项目为导向的无边界组织模式，鼓励员工选择跨领域、跨部门的团队，最大限度地进行协作，激发潜能
员工激励	提高企业员工的数字素养，增强员工的数字化能力，推动员工多样化发展，实行人才激励计划，调动员工创新的积极性

企业可以从以下三个方面进行操作，见表 1-3。

表 1-3　企业设施数字化转型的三个方面

序　号	转型策略
1	为达成运营技术与信息技术的融合、大数据的多源异构，企业应铺排信息通信网络基础设施（高质量专线、高速局域网、TCP/IP、TSN 等），对设备、软件、数据的采集和应用进行数字化革新
2	为保证企业对设施数据的及时采集和传输，产品和设备之间、设备和设备之间、数字世界和物理世界之间不仅要有物理连接，还要能实时联通、互相识别、有效交流
3	为确保网络环境、数据采集、系统集成等环节的可用性、完整性和保密性，企业要充分利用信息安全技术

◆ 资源数字化：企业数字化转型的必要路线

企业在云计算基础设施和架构体系的基础上，将主资源数字化，将设备、系统、物料等资源转移至云端，创建庞大的资源库，使企业在资源聚合上效率更高、在资源分配上更加灵活。

企业资源的数字化主要包括以下三部分，见表1-4。

表1-4　企业资源数字化的三大内容

序　号	具体内容
1	云计算基础设施即最终服务的虚拟化
2	在云计算平台整合生产资料信息
3	在云计算平台上的业务系统可共享和交换数据

此外，企业搭建云计算平台的方式主要有两种：其一，从外部的成熟平台选择购买专业化的服务资源，用来对本企业的业务进行数字化升级；其二，企业自主构建云计算平台，在平台上汇集行业内外的各类资源，确保企业数字化转型的各项战略顺利实施。

◆ **要素数字化：企业数字化转型的关键任务**

企业通过在云平台搭建工具库、模型库、算法库，对平台上的所有数据资源进行统筹和规划，统一存储和管理，凭借丰富的数据资源进行应用创新。

企业要素的数字化转型要从以下三个角度入手，见表1-5。

表1-5　企业要素数字化转型的三个维度

序　号	具体内容
1	企业对数据资源统一存储之后，要建立合理高效的信息库将各类数据分级分类进行管理，将各类系统数据分别存入基础信息库和业务信息库
2	企业通过平台进行软件的供应，将技术、知识、工艺等转化为算法和模型在平台上流通，企业根据业务需求获取数据资源进行应用和创新
3	企业在云平台管理数据、采集数据、共享数据，统筹兼顾数据资产化、数据开放利用和数据治理规则

◆ 业务数字化：企业数字化转型的创新导向

企业可以将数据作为管理、研发、生产、营销和服务等各项业务改革创新的主要驱动力，开展新的数字业务创造价值，拓展增值空间。

企业的业务数字化主要涵盖以下几个方面，见表 1-6。

表 1-6　企业业务数字化转型的五个方面

方　面	具体内容
协同研发	在连接企业内外的开放式平台上，企业需要对研发技术、工艺流程、设备质检、设备维护、客户管理、供应链金融、能源优化等行业共性知识进行共建共享，并共同开展对数字样机的虚拟试验和学习优化等工作
智能生产	为达到对生产过程的全面把控，企业需要实时采集生产现场数据，对生产制造进行实时分析，对生产物料进行精准配送，及时根据生产需求优化生产方案、调整生产计划，并对工厂、车间、生产线路乃至装备进行智能化升级
数字管理	在云平台的业务系统中按需分享和取用数据资源，使企业管理和决策趋向柔性化、智能化、高效化
场景服务	借助开放性平台便于交流互动的特性，建立围绕用户的营销环境，以多样化的服务渠道、全新的服务模式，迅速满足用户需求；增设跨领域、跨主体的增值服务，推进数据的资产化运营
能力开放	创建开发者社区，聚集各方创新企业和人员，将 App 作为在线协同和交易的平台，与各方创新企业和人员共同构建企业业务的创新生态环境

◆ 数字化效益：企业数字化转型的价值体现

企业的效益增长、生态创新以及能够从根源上提升价值的创造机制的打造，要在创新、社会效益和经济效益三个层面达成。

企业的数字化效益主要包括以下三个层面，见表 1-7。

表 1-7　企业数字化效益的三大层面

层　面	具体内容
创新效益	企业借助数字化转型，在核心技术的创新上有所提升，在研发创新的周期上有所缩短，并在创新成果产业化上有所成就
社会效益	承担社会责任，增加产业链上下游的社会就业机会
经济效益	企业通过数字化转型提升技术、扩大规模、增强管理、优化配置，在产品质量、服务内容和品牌价值等方面获得质的飞跃，同时能够在成本、库存、能耗等方面节本降耗

第二章

战略据点:数字经济重塑商业生态

数字化本质:链接、数据、智能

在数字化转型的过程中,企业首先应该明确自身优势。例如,产品设计能力强的企业就立足于优秀的产品设计;社会化服务能力强的企业应该聚焦于优秀的社会化服务;渠道终端覆盖力强的企业则依赖于强大的渠道终端覆盖力。企业要在探寻并确定未来产业互联和生态发展方向的基础上,借助核心竞争力提取数字化本质。

企业数字化的本质包含三个关键要素,如图 2-1 所示:

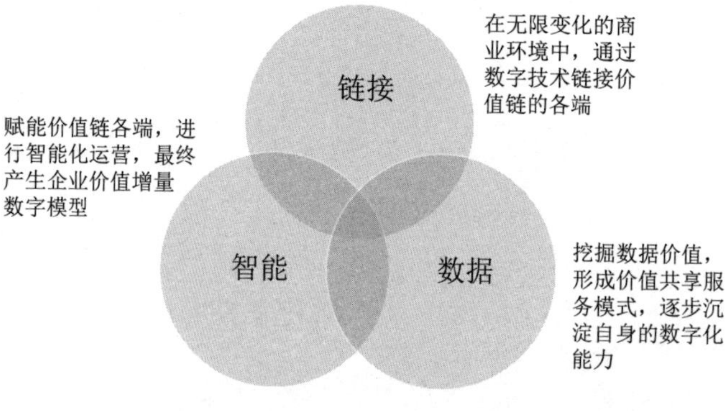

图 2-1　企业数字化的三大要素

比如阿里巴巴，一方面，其有能够链接大量消费者的业务前端，如天猫、钉钉、饿了么、UC、高德地图等应用；另一方面，通过分析这些应用产生的数据，又发展出相关的智能服务，如根据消费者的需求进行个性化推荐、为商家进行生意参谋服务，以及借助大数据帮助企业进行精准营销等。

企业顺利实现产业生态全链条的数字化转型，抓取企业自身数字化的链接、数据和智能的正确做法是从根源上做好数字化技术与企业业务的有机结合，而不是单纯运用数字技术进行简单叠加或重复呈现数字化模块。

对传统企业来说，内力或外力都可能成为驱动企业数字化转型的原因，但转型之后，什么是企业的数字化本质、提升了企业的哪些数字能力，才是企业应该明确的问题。

商业环境瞬息万变，企业需对价值链的各端有一定的触及，并赋予自身强大的数字化核心能力（如服务能力、创新能力），借助数字技术获取数据，并发挥数字技术在商业活动中的价值，基于智能化运营价值共享的服务模式，为企业增加额外的价值产出。

◆ **本质一：链接**

传统商业关系当中企业、用户、商品三个商业要素独立且分散，各有各的模式形态，数字化转型后企业的各项商业要素之间应该有着更为密切的联系。当下互联网和数字技术的不断发展，衍生出新的商业模式，通过对所拥有的品牌资源、用户资源和商品资源的有效整合，企业必定能够推出新的价值创造模式。

一方面，企业数字化转型的链接中存在人与人的链接，见表 2-1。

表 2-1 企业链接的三个层面

层 面	具体内容
各个生产环节和优势资源的链接	企业将从产品设计、产品研发、产品生产、营销宣发、服务、市场、品牌到供应商、渠道、终端的各个环节和资源链接成一个超级价值链
内部组织和员工之间的链接	为提升工作效率，企业通过链接对内部的组织和员工统一进行数字化管理
产业上下游的合作伙伴之间的链接	为解决产业互联中的业务在线、数据采集等问题，企业链接起商业活动中创造价值的每一个环节。例如，家居行业中的地产商、工程人员、设计师、供应商、安装配送人员和家电品牌的销售人员、商户等之间的链接

另一方面，企业数字化转型的链接中还有人与物的链接。例如，现在常见的二维码营销，企业向消费者推送商品活动信息，消费者对商品进行消费后扫描商品中的二维码可以获取红包、积分或优惠券等权益，如果将这个二维码中的权益继续分享给更多的人，将会有更多人通过二维码获取权益，这种一物一码的链接即人与物的链接。

现在各行各业的数字化企业都可以将自身掌握的数字资源在平台上进行共享和高度整合，创建更为庞大的产业互联和生态体系，借助平台经济为不同的用户提供更加便捷、更加有效、更加优质的链接服务，并在链接不同价值链节点的用户之后获取更大的商业价值。

◆ **本质二：数据**

在数字经济时代，大数据可以是庞大的数字、文字，也可以是海量的图片或图像等。采用新的技术和算法模型将数据进行归类处理并分析、总结和应用，可以使这些数据变为数字经济时代最主要的资产，我们将其称为数字资产。

在企业数字化转型的过程中，每家企业都需要依托数据中台建立用于存储、处理和保管数据的数据库引擎，借助数据和互联网设备把企业的品牌资源和商品资源同用户大数据互相连接贯通，把人与设备、人与人也连接在一起，增强商业价值的转化能力。

在数字经济时代，不论何种企业，其掌握的核心数据资源足够多就可以对行业的生态和产业链拥有更强的把控能力，因此，要想使数据产生聚合的价值，企业就需要把这些数据通过数字技术进行连接，而不是任由其分散独立地存在。

数字化转型的道路对于传统企业来说似乎是艰难困苦、遥遥无期的。传统企业需要整合分析行业竞品数据、历史交易数据、市场预测数据等各类数据，通过自身的资源和成熟的业务对数据赋能，将这些数据逐渐细化。

企业要想彰显自身的数据服务能力，就必须拥有对数据进行赋能的能力，这种能力可以是将数据赋能到业务生态的能力，也可以是将数据赋能到产业链各端业务场景的能力。只有与生态、产业伙伴共享数据资源，企业才能最大限度放大数据资源的价值、最大限度实现价值转化获利。

◆ **本质三：智能**

对于企业来说，数字化转型最主要的目的是提升自身在各个商业领域随机应变地围绕商品和用户进行智能运营的业务能力，这需要企业在数字化转型的过程中积累大量数据资源，增强自身的全域数据采集能力和数据引擎驱动能力。

但对于不同行业的企业来说，由于环境和需求的差别，他们所需的运营能力也是各有不同的。例如，身处快消品行业的企业会更加注重商品运营能力和用户运营能力；而经营耐用消费品的企业还需要渠道引流、社会化机制物流、售后评价互动等方面的能力。

企业要想在业务活动中对于创新和变化随机应变，获得迅速识别并输出数据的能力，不仅要借助大数据的算法，更要增强企业的运营能力。强化企业的运营能力则需要在数据驱动的智能运营环境下，一步步积累数字化知识、培养数字化能力，在不同的行业和领域建立数据模型，从而在线上收集各种设备连接、行为轨迹和交易的数据，而不再是通过组织简单完成对人员的培训。

随着数字技术日新月异的发展，企业必将步入数字化运营阶段。为了借助数据迅速开始进行成本更加低廉的业务创新，以便在市场竞争中获得先行优势，企业亟须建立数据中台，获取更强的数据采集和应用能力。

企业可以采用智能化的运营方式，把原本的市场部门和销售部门转变为数字化部门，毕竟智能运营的基石是过硬的数据能力。新的商业机会需要企业广泛获取企业乃至行业内外的数据，并对这些数据进行智能化的分析解构，针对各个领域建立清晰的数据模型，通过可视化的数据进一步完善商业决策。

技术赋能：重构企业经营观念

数字化技术的发展优化了用户的消费体验，比如，商品数量极为丰富的电商平台、快速便捷的物流以及随处可见的扫码支付等，都让用户对数字时代的企业产生了新的憧憬。

不仅如此，在实际中，也可能出现顾客的数字技术水平和数字化能力高于企业的情况，如果企业跟不上顾客在数字化方面的需求，就可能面临被淘汰的风险。从表面来看，好像是数字技术的发展淘汰了许多跟不上发展步伐的企业，但如果从更深层面分析，就不难发现，淘汰这些企业的不是数字技术，而是在数字技术发展的带动下需求不断升级的顾客。因此，企业需要以更高的数字化技术和更快的发展速度面对数字化时代。

数字化商业模式推翻并打破了传统企业原有的顾客价值空间，以致许多企业原本存在的行业保护开始变得无足轻重。许多传统企业在数字化转型时仅仅提高了原有顾客的交易价值，却没有注重提高数字化顾客体验价值，在这种情形下，企业无论引进什么样的数字技术，都无法获取数字化顾客的新价值空间。

一般情况下，传统企业往往会沿用传统的经营观念，把产品或服务作为商业活动的起点，对顾客价值的获取通常依靠向顾客售卖产品或提供服务。但是，商业活动的设计可以是多种多样的，这也体现在经营观念的差异上。

由此看来，企业应该以在规模和成本之间取得商业模型的最优解为核心，以达成交易为终极目标设计和组织商业活动，而这就需要企业从自身的能力和资源出发，创建相对独立的组织模式、业务模式和协作模式，并逐步建立针对商业活动的管理系统。

举个例子，在工业时代，许多制造业的企业凭借标准化与规模化的生产模式获取高增长的经济效益，为了配合这种以优化成本结构、扩大销售规模为核心的商业模式，企业的组织形式也向更加高效、更加稳定的方向转变。而数字经济时代的顾客对商业活动中自身的个性化体验将更为重视，因为数字技术的进步使生产效率和创新速度得到了大幅提高，顾客能够越来越快捷地体验各项产品和服务。

数字化的经营理念与传统的经营理念大不相同。在传统的经营理念中顾客交易价值的创造是由企业掌握的，而在数字化的经营理念中顾客的体验价值是有数字化技术加持的，顾客的体验价值是由顾客自身与生产者、服务者和企业在进行一连串丰富的联系后，互相作用所创造出来的。

在新型的经营理念中，顾客价值体验是商业活动的起点，顾客、企业、合作伙伴一起创造价值是获得顾客价值的方式。在商业活动中，不仅仅是企业、合作伙伴、政府、社会组织可以成为顾客价值的创造者，由顾客等多方参与者互相作用的价值创造方式，将使所有商业活动的参与者都拥有复合角色。

新兴互联网企业就是这种新型经营理念的典型实践者。新兴互联网企业与顾客互相联系作用，彼此形成共生关系的商业模式，使得寻求共生的网络结构和动态组织形式也应运而生。在数字技术的不断发展下，复合角色在商业活动的多种场景中组合各种丰富的行为，为顾客的价值获取方式提供了多种多样的选择。

而单一的业务模式、组织模式和协作模式显然无法快速应对行业环境的变化，这也极大地制约了传统企业的发展，因此，企业必须紧跟顾客价值的变化，组织开展新的商业活动增强竞争力。

价值网络：数字化商业管理系统

数字时代和工业时代的商业活动存在千差万别。比如，在活动场景上，工业时代的企业为确保自身的行动稳定可能使得产业链上的活动场景支离破碎，而数字时代的企业则会设计数字化的动态交互场景；在角色上，工业时代的企业倾向于将所有商业活动的参与者看作自身的分化，通过固化角色和流程以加强控制，而数字时代的企业会设置数字化复合角色，以赋能、互联为主与活动主体进行协商；在管理系统上，工业时代企业的商业活动管理系统是建立在传统的业务模式、组织模式和协作模式的基础之上的，而数字时代的商业活动管理系统借助了数字化技术进行组织管理。

以迈克尔·波特的价值链分析模型①对企业的主要价值活动进行分析，如果从企业的立场出发，那么，企业确立以价值活动为本的组织管理系统需要明确的价值支撑，并需要在企业运营的过程中构建获取竞争优势的主价值链。

但如果从获取顾客价值的角度分析商业价值活动和它的组织管理系统，那么，企业不但要重视内部价值链，也不应该忽视在企业外部由多主体互动所产生的价值。所以，进入数字时代后，企业要把顾客价值当作中心，以波特价值链分析模型为基石，以商业活动的价值分析为起点，创建数字化商业活动管理系统的新型结构。

在数字化商业活动管理系统的新型结构中，数字化运营活动、数字化业务活动和数字化产业活动都是以顾客价值为中心展开的。为了尽快完成以顾客价值为中心的商业活动，企业应该迅速完善自身的数字化业务模式、组织模式和企业之间的协作模式。

在传统企业进行数字化转型的过程中，企业对数字技术的理解、对新经营观念的理解都不算最大限度转变，数字化业务模式、组织模式和企业之间的协作模式的组合才是创建新的企业价值空间的关键，它们从根本上转变了各个主体之间的工作方式。

---

①价值链分析模型：由美国哈佛商学院著名战略学家迈克尔·波特提出，其把企业内外价值增加的活动分为基本活动和支持性活动，基本活动涉及企业生产、销售、进料后勤、发货后勤、售后服务；支持性活动涉及人事、财务、计划、研究与开发、采购等。基本活动和支持性活动构成了企业的价值链。

智能协同：构建全新的工作模式

进入数字时代后，企业开展商业活动的管理系统具有一个关键特点——积极协同其他的参与主体。而在与其他主体协同的过程中，企业需要充分利用各种新兴的数字技术，对所有员工进行数字赋能以打造数字工作组织，并在此基础上建立以协同为核心的数字化工作战略，这种升级后的企业管理系统所采用的工作方式即智能协同。

◆ 智能协同的工作方式

确定数字工作战略、建立数字工作组织和以数字技术对个体进行赋能共同组成了智能协同的工作方式。

(1)确定数字工作战略

当一个企业的全部工作最基本的起点是数字化顾客价值时，在工作场景的构建方面，最终关注点将从交易变为互动；在工作角色方面，岗位将从按过程设置变为按顾客价值设置；在具体行动方面，判断标准从过程方法是否严谨变为是否能够获得更高的顾客价值。

(2)建立数字工作组织

与过去的由企业全权决议战略目标和战略路径的模式不同，采用新技术后，企业将会与参加数字化商业活动的全部主体共同设置工作目标和路径以打造新的数字工作组织，形成数字化商业活动的每个参与者都协调并赋能的人力资源管理模式和能够对所有参与者实行确切价值评价和分配的财务管理模式。

(3)对数字工作的个体进行赋能

数字工作个体可以在数字工作组织中通过线上和线下两个途径获取顾

客价值并提高工作效率。在线上，个体可以以数字化的身份借助智能终端进入数字世界与其他的数字化商业活动主体一同获取顾客价值；在线下，个体可以借助人工智能等数字技术进行多主体协调配合，提高工作效率。

◆ **智能协同工作方式的落地路径**

在现实商业活动的各个场景中，新工作方式是否可以顺利施行主要取决于各个商业活动的主体能否进行有效的沟通和协同。智能协同工作方式的落地需要做好以下三个方面，如图 2-2 所示：

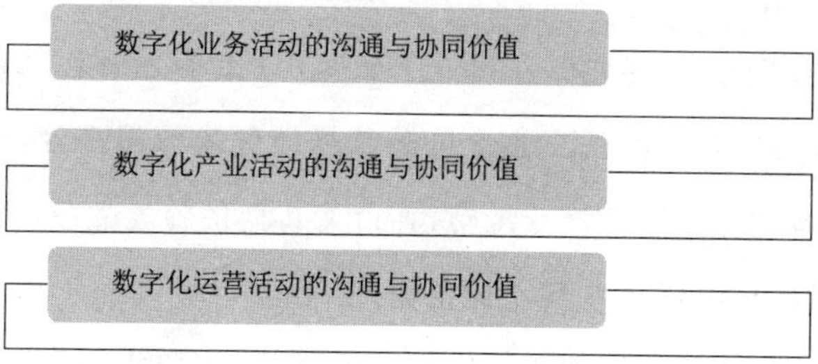

图 2-2　智能协同工作方式落地的三个方面

(1)数字化业务活动的沟通与协同价值

在数字化业务活动的过程当中，各活动主体在价值场景化、价值互动、价值引导、价值分享上面提高顾客体验价值，是通过直播、即时通信、视频会议和论坛等丰富多样的形式同顾客直接进行互动实现的。

以美国比萨公司达美乐为例，该公司与社交平台一同推出“比萨大亨”活动收集顾客意见，通过与顾客协同的方式调整产品口味，将企业的经营活动转变为与顾客一同探索美食的过程。在这项活动中，顾客可以在线上将 40 多种食材进行任意的搭配，做出独属于自己的比萨，还可以把自己的独家秘方上传，与众多食客分享，参加“世界味道”比赛。不仅如此，如果顾客提供的比萨配方最终销量比较高，还有机会获得奖金。

(2)数字化产业活动的沟通与协同价值

在数字化产业活动的过程中，企业、客户、合作方等商业活动的参与主体为了创造和获取顾客价值需要借助于数字技术进行沟通与协同。

例如，某服装企业对平台数据进行实时监督，精准把握顾客的消费需求，并在协同其他活动主体的条件下，实施调控自身的产业活动，最终探索出一种在总订单范围内小批量、多返单的独特的生产方式。

(3)数字化运营活动的沟通与协同价值

数字化运营活动的全部活动主体都要直接运用人工智能或采用其他数字技术完成工作。

以阿里巴巴为例，其能够在同一个顾客 ID 上多方面获取顾客价值，具体表现为：将淘宝作为提供业务价值和数据的智能协同平台，在 1688 等平台上沟通协商进行数字化产业活动，再由菜鸟提供物流服务，由口碑提供本地服务，由蚂蚁金服提供在线支付服务。

企业应该创建新型智能协同发展工作模式，将原本“以我为中心”的商业活动管理模式转变为数字化、系统化的商业管理模式。

第三章

战略融合：数字化转型落地的关键

路径：数字化战略融合的落地

曾任阿里巴巴集团执行副总裁说过："如果你对时代趋势判断错误，那么你所做的决定和你现在所做的一切都是错误的。"企业战略的制定需要准确把握时机。

当今世界，数字化的时代趋势对企业的战略制定有着不可忽视的影响。全球范围内的大部分企业都将数字化规划进了自身的发展战略中，然而，怎样做才能使数字化转型与企业原本的发展战略相辅相成是管理人员所要应对的紧要问题。

◆ 数字化的战略融合与价值

面对新的环境，我们一定要打破原有的惯性思维，不对自己设限。由于工业时代和数字时代之间千差万别，即便是在工业时代已经拥有绝对领先优势的企业，进入数字时代也不一定能够依旧保持迅猛发展的势头。与工业时代不同，数字时代更加注重个体的需求，企业对产品、客户、市场和行业的价值理解也从根源发生了转变，因此，企业务必积极推进数字化转型战略的融合。

例如，在传统服装企业中最为关键的依次是剪裁、设备、设计、品牌。现在，服装行业的基础逻辑产生了巨大的转变，数字时代的服装企业可以把客户信息与版型数据库中的数据进行匹配，为客户进行个性化定制，而行业关键点则转变为客户数据和版型数据库的大小。行业规则的巨大转变使得原有的战略难以满足当下数字化企业的发展需求，因此，战略融合是大势所趋的结果。

在数字时代中，企业可以借助战略融合在战略上以客户的需求进化为核心进行敏捷迭代。企业战略融合的速度影响企业间的竞争，快速启动战略融合能够帮助企业更快地迭代优化。而且，进入数字时代后，企业可以借助战略融合获得更多低成本或零成本的试错机会。

以汽车行业为例，以前需要做 30 次碰撞试验，在反复进行碰撞、再设计、再制造、再碰撞之后才能开发出一辆新汽车，不仅步骤复杂，而且所需时间周期长。现在，企业能够借助数字技术进行仿真模拟测试，真正的实测则缩减至一次，大大减少了企业付出的时间和成本。

◆ 战略融合落地的三个转换

从战略角度来说，企业的本质即资源集合、能力集合和战略集合的总集合体，见表 3-1。

表 3-1　战略融合的三个层面

层　面	具体内容
资源集合	信息资源、文化资源、人力资源以及社会可利用资源等企业资源元素
能力集合	作业能力、决策能力、物资供应能力、文化建设能力、信息处理能力以及公共关系能力等企业能力元素

续表

层　面	具体内容
战略集合	创新创效发展战略、信息开发战略、研究与开发战略以及社会资源开发战略等企业战略元素

企业在达成战略目标的过程中最重要的是将自身的资源极致地转变为企业能力，再通过企业能力对企业资源进行反哺。这样企业在战略实施时有企业资源和企业能力作为稳固的支柱，并能够反过来持续积聚企业资源、提高企业能力。

对一家企业的生存和发展来说，企业资源的集合、企业能力的集合、企业战略的集合之间能否最大限度融合是十分重要的，这不仅能够帮助企业随时检视自身的战略目标，也能帮助企业及时察觉致命的缺陷。从另一个角度来说，企业的资源集合、能力集合和战略集合之间通过关系机制连接的紧密程度就是企业的战略融合度。

比如，一个掌握知识、资产、技能等资源且拥有学习、协作、作业等能力的个体如果没有目标，或无法将自身拥有的资源、能力、目标结合起来进行实践，也不能达到目的。企业也是一样的，最重要的是能够持续实现一个个短期目标并达成长期战略目标。能力发挥度、资源利用度、战略理解度三个维度的数据共同影响企业的战略融合度。

此外，企业的高层团队、中层团队和基层团队还需要定期填写调查问卷，以便从中获取对企业的资源、能力、战略的评价值数据，并将这些数据转换至企业能力发挥度、企业资源利用度和企业战略理解度的三维坐标体系当中。

思维：从价值导向到用户导向

要想顺应数字时代的潮流，最先要更新的就是思维和观念，战略思维的转换之箭已在弦上。以往的传统企业习惯于针对某一环节和节点依靠价值链进行分析并制定战略，而数字时代的竞争范围早已扩张至整个生态系统。企业在达成战略融合目标的过程中，需要在战略思维上把客户放在至关重要的位置，以客户为中心建立价值网络，完成从客户思维到用户思维的转变。

◆ 构筑以客户为核心的价值网络

对于传统零售行业来说，起主导作用的价值点是货品、客流和卖场，因此从事传统零售行业的企业需要格外重视选址，而对于新零售行业来说这是完全不必考虑的。

新零售实质上就是数字零售，新零售企业要有借助数字技术管理和分析进行零售经营的能力，将零售服务中的支付、用户、商品等环节实现数字化。与传统零售注重卖场相比，新零售将关注点放在提升用户体验上，不仅能够借助技术统一进行线上线下的货源调配，拥有更加充足的货源，还可以借助数字化支付和配送服务，为用户创造更多便捷的体验，让零售变得更加智能、人性化、个性化。

◆ 客户思维到用户思维的跨越

企业和客户之间是一次性交易的思维，即客户思维；而企业与用户建立终身使用关系的思维则是用户思维。企业的产品有没有借助数字化连接到网络是区分客户关系和用户关系的关键，它们的关系就像传统电视机和智能电视、功能手机和智能手机的关系，客户关系存在于线下，用户关系存在于线上。企业只有关注分析数据，明确用户需求，持续积淀、创造，将消费者从一次性交易客户转变为终身重复性消费的用户才会有未来。

特斯拉能够在汽车行业占据一席之地正是因为它为人们带来了自动驾驶这种全新的技术。要想实现自动驾驶技术，需要收集大量的数据进行分析和优化，因此，特斯拉将大量的传感器放在出售的汽车中，借助这些传感器获取数据信息。在自动驾驶里程数不断增加的同时传感器会在软件更新时将新数据传输至汽车上，并不断重复这项工作。

这项操作使得特斯拉采集到庞大的数据，而这些数据资源也能够帮助它将自动驾驶做得更好，并售出更多的汽车，进而产生更多的里程和数据，从而形成良性循环。

因此，对数字时代的企业而言，既要提升封闭的价值链核心竞争力，也要塑造开放的价值网生态竞争力，积极进行战略思维转换。

模式：从有限游戏到无限游戏

企业的战略模式就像詹姆斯·卡斯在《有限与无限的游戏》一书中描述的那样，传统企业的战略模式就是在边界内玩的有限游戏，在一定的市场规模下，各个企业争夺市场份额，存在此起彼落的竞争关系，在这种环境下，企业的行为受到自身资源和条件的制约；而数字企业的战略模式则是可持续发展的无限游戏，企业与环境之间是共生的生态关系，与外界的连接程度才是影响企业行为的关键因素。

进入数字时代后，企业要想在持续产生新需求的同时增加整体生态价值，就需要尽快将自身的战略融合模式从原本的有限游戏模式转变为无限游戏模式。

用户群体的状态不是一成不变的。企业务必明确的一点是：仅仅依靠自身的力量是无法将整个市场洞察透彻的，更无法获取所需数据，只有广泛地进行信息交换和信息共享才能够迅速促成有效合作。正如英特尔等第一代信息化原生公司是由贝尔实验室的晶体管技术发展而来的，苹果和微软也借助了施乐帕克研究中心的用户界面图形系统，而贝尔实验室和施乐帕克研究中心却没有享受到这些技术带来的福利，还遗憾地错过了新一轮技术革命的“新大陆”，这正是因为它们错误地采用了封闭式创新的战略模式。

现在各个领域都有不少企业正在对无限游戏的战略模式进行尝试。例如，通用电气和英特尔汇集 68 亿多条患者信息共同建立了 Intel-GE Care Innovations，使越来越多的改善保健服务和解决方案面向医疗保健行业的用户。中国也有许多企业为联通电商平台和其他社交平台建立用户 ID，实现了跨平台、跨领域的用户数据发掘。

决策：从大步慢走到小步快跑

在大多数企业的战略决策中，“建立可持续的竞争优势”都是重中之重，但这种“建立可持续的竞争优势”是无法被复制的战略决策制定方式，能够像通用电气、联合利华和宜家等一样创造并持续保持竞争优势的企业寥寥无几，大多数企业的竞争优势往往会在短时间内荡然无存。

部分企业花费数月时间进行规划，确立长期战略，试图“磨刀不误砍柴工”大步慢走，但时间和速度对瞬息万变的数字时代来说更是尤为重要的，这种做法往往使得企业因小失大。对处于数字时代中的企业来说，实现战略融合的关键是将大步慢走的战略决策方式转为小步快跑的战略决策方式。

企业能够在战略上快速适应不断变化的需求，更新版本或推出新产品，并将多个瞬时优势进行组合，在找到问题的最优解同时付出最小的成本，这就是小步快跑。企业若想在较长的周期内获得胜利，就要将持续时间短暂的瞬时优势进行组合。

现在的许多企业正是这样做的，例如，高知特和美利肯等企业所支持的正是持续性变革。在数字时代中，瞬时优势对战略决策方式起着定向的作用，而原本的建立可持续竞争优势的战略决策方式正在慢慢被淘汰。

所谓小步快跑的战略决策主要包括以下六个步骤，见表3-2。

表3-2　小步快跑战略决策的六个步骤

步　　骤	具体内容
定原型	战略原型是企业定缺口、定能力、定战略手段的根本，影响着企业确立战略方向、制定战略目标、设计战略模式，为试错、反馈、优化等工作筑基
抓速度	正所谓以变制变，速度制胜，快速的战略推出和战略更新是进行战略迭代的基础
勤反馈	为了能够及时获取数据并参照数据对战略做出调整优化，企业需要建立战略反馈机制
敢试错	对企业来说，要不怕犯错，勇于试错。例如，淘宝鼓励商家生长，于是自上而下地出现了许多革新。由此可见，试错对于企业的重要性，企业应该对核心思想进行试验，在试验中探索出最优战略。试错正是抓住核心痛点、验证战略、寻找错误，帮助企业及时规避战略偏差的重要路径

续表

步　骤	具体内容
降成本	传统意义上的试错需要很大的成本，而以化整为零的方法进行针对性突破能够大大缩小战略试错的成本
勤优化	企业要想获得长足的发展，就需要通过迭代对战略进行优化，并不断地更新和完善

企业采用小步快跑的战略决策模式需要设立阶段性目标，压缩决策周期。小步快跑的背后还包含以下四个环节，见表 3-3。

表 3-3　小步快跑战略决策的四个环节

环　节	具体内容
描述环节	把现实世界中发生的事放在虚拟世界中进行描述
洞察环节	发掘事件发生或事物产生的原因
预测环节	对将来发生的事件进行预判
决策环节	针对事件找到合理的解决方案

亚马逊等全球领先企业的战略是一直贯穿整个业务流程的，为了迅速应对不断变化的外界环境，频繁地上线、迭代、优化，像巡航导弹一样先发射出去，再在飞行中一次次对飞行路线进行调整。

第二部分

数字化转型规划

第四章

顶层设计：从愿景使命到目标体系

明确数字化转型的愿景和使命

愿景、使命、宗旨和价值观是决定企业发展的关键问题。企业愿景是企业创始人、最高管理者对未来企业发展的愿望和方向，直接决定企业的发展面貌；企业使命是企业的经营理念，是达成企业愿景的方式方法；企业宗旨是企业对客户的服务标准，是完成任务时的行为规范，是对社会发展作出贡献的理论依据，表明了企业存在的意义；企业核心价值观是企业在愿景、使命、宗旨的基础上奉行的价值取向和观念，能够凝聚员工力量、规范企业行为。

企业在进行数字化转型时为了明确数字化转型的未来设想、责任任务、行为规范和方式方法，顺利开展数字化转型战略中的各项工作，需要严格以企业数字化转型战略的分析结果为基础，建立科学的理论体系和思想方法，明确企业数字化转型的愿景、使命、宗旨和核心价值观。

◆ 明晰数字化转型的愿景

企业愿景能够为企业指明发展方向、明确发展目标、阐述存在意义，并解答企业怎样发展和朝着哪个方向发展等问题。如果企业数字化转型没有明确的愿景，就不能规划出科学的转型路线，最终也不会获得确定的转型结果。

那么，企业应该如何制定清晰明确的数字化转型愿景呢?

(1)站在未来看现在

新一代数字技术的快速发展推动了在全球范围内开启的第四次工业革命，在这个时期，企业传统的生产方式、管理方式将会完全转变，数据与产业将会全面融合，工业经济即将分崩离析，数字经济会迅猛发展。在未来的5～20 年内，第四次工业革命将会以指数般的速度改变企业的生存环境和运行体系。

在这种形势下，企业必须面向未来进行数字化转型，构想企业未来10 年、20 年的发展形态，探寻企业在数字经济时代的核心竞争力并设计企业数字化转型愿景。

(2)立足现在看未来

企业的数字化转型目标短时间内是无法实现的，需要经历漫长的时间，因此，企业应确立面向未来迭代数字化转型的愿景，以对自身状况的详细评估为基础，结合目前的资源和优势，对企业自身、整个行业、整个产业的发展趋势和数字化发展进程进行推敲，确保该愿景能够对企业未来 10 年、20 年的发展提供科学指导，为企业的数字化转型规划一个准确的发展方向。

◆ 确立数字化转型的使命

最终要达到的发展状态是企业在未来较长一段时间的发展目标，也可以将其称为企业使命。企业数字化转型使命的确立可以增强全体员工对数字化转型的急迫心理，促使各级员工主动思考并承担其在数字化转型过程中的职责，一同促进企业数字化转型的实现。

企业是社会的组成部分，企业在确定数字化转型使命时不但要在整个社会生态环境下对企业、行业、产业之间的关系进行充分考虑，同时也要考虑企业、社会、客户等生态体系。换个角度来说，如果采用某种方法解决某个社会问题是企业的使命，那么采用某种方法解决企业、客户、供应商等生态关系链上各类主体的系统问题与业务难题就可以被定义为企业数字化转型的使命。

根据企业的实际情况确定数字化转型使命还要综合考虑企业内部、外部两个方面的因素，见表 4-1。

表 4-1　企业数字化转型使命确定需考虑的两大层面

两个方面	具体内容
内部视角	企业数字化转型使命要根据企业内部存在的问题来提取归纳，要能够体现企业特色，例如，促进各项业务实现互联互通、促进各类数据实现融合共享、提高组织运行效率、提高企业运营的精细化程度和智能化水平、实现软硬件协同运行、实现数据业务双向驱动等
外部视角	企业应对客户、供应商、营销商、第三方服务商等各个主体在企业数字化转型过程中呈现出来的问题进行仔细剖析，把握这些主体在企业数字化转型过程中的需求，从而形成像网络协同、开放共享、数据互通的跟企业生态一样基于外部视角的企业数字化转型使命

明确数字化转型的战略定位

企业在进行数字化转型时，首先要明确数字化转型的战略定位和具体目标。在这个过程中，企业要立足于数字化转型战略，对发展现状、技术发展趋势、行业发展趋势、消费者需求的变化趋势等多项因素进行综合研究，确立符合企业发展实际和行业发展趋势的数字化转型目标。

企业数字化转型战略定位的确定对数字化转型工作能否顺利开展有着直接影响，有准确的定位才能顺利进行数字化转型，好高骛远或只专注于眼前都不能保证数字化转型战略定位的准确性。企业要根据自身的实际情况决定采用进攻型战略、保守型战略还是撤退型战略。企业若是采用进攻型战略，就要全力以赴、跨步前进；若采用保守型战略就要按部就班、稳步推进；若是采用撤退型战略，就要退出低效竞争，或彻底打破原本的模式和战略，实现数字化变革。

企业的数字化转型定位与商业定位同等重要，因为企业需要根据定位确立阶段性目标后才能推动数字化转型有序开展。企业在确定数字化转型定位时要对以下几个方面进行综合考虑：

◆ 数字化转型，不能当作 IT 的转型

数字化转型战略的制定者必须明确企业数字化转型不单纯是 IT 转型，企业数字化转型应该是自上而下、由内到外的整体性、系统性变革，IT 技术只是实现数字化转型的一种方法。然而，由于认知偏差，有的企业管理者就会倒果为因，让 IT 部门直接负责企业的数字化转型，将企业的数字化转型对等为 IT 系统的转型。因此，企业应该从整体出发明确数字化转型的战略定位。

◆ 全面评估数字化战略的影响力

企业要想拥有精准的数字化战略定位，就必须对所处的竞争环境以及竞争环境可能发生的变化有全方位的认识。

数字技术的应用会彻底颠覆企业原有的商业形态，因此，企业在确定数字化转型的战略定位之前，必须对数字化转型可能影响包含企业、客户、供应商、合作伙伴的生态系统做出全面考虑。企业必须明确数字化转型可能带来的问题，例如，数字化将会促进哪些新产品或新服务的产生，会产生哪些新的竞争对手等，只有明确这些问题，企业才能对数字化转型战略做出准确定位。

◆ **了解自身的数字化转型抱负**

巩固现有优势也好，获取新的竞争优势也罢，但凡企业想要明确数字化转型的战略定位，就必须明确数字化转型的目标。在数字经济时代，第一个吃螃蟹的人和第一批追随者往往能占据先发优势，并通过网络效应放大这种优势，形成赢者通吃的局面。由此可得，数字化转型的根本目标是改变价值创造方式，所以企业要根据自身的发展目标明确数字化转型的战略定位，只有快速反应才能实现既定的发展目标。

制定数字化转型的目标体系

企业的数字化转型是一种整体性、系统性变革，目标体系的制定要平衡长期目标、中期目标和短期目标三者之间的关系，做到三者兼顾。与此同时，企业在制定数字化转型目标体系的过程中必须考虑以下几项目标，如图 4-1所示：

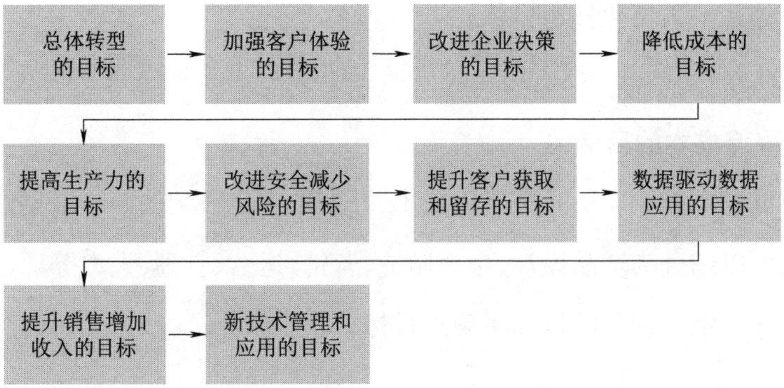

图 4-1 企业数字化转型目标体系设计

◆ 总体转型目标

企业要综合希望通过数字化转型达到怎样的发展状态确立总体转型目标，并明确以下几个问题：是企业实现全面数字化，还是个别部门实现局部数字化？是沿用传统的商业模式、业务体系，还是打造新的商业模式、业务体系？不过，无论企业确立什么样的目标，都要对此做出明确界定。

◆ 加强客户体验的目标

坚持以客户为中心，迎合数字经济发展趋势，呈现全新的企业形态，是企业数字化转型的重点内容。企业在制定数字化转型目标时，要重点考虑采取什么样的方式改善客户体验，怎样带给客户更优质的产品或服务。

◆ 改进企业决策的目标

数字化转型可能改变企业原本的决策体系，削弱领导者的权威，让数据在决策中发挥重要作用。数字化转型战略的制定者必须明白自动化决策、分布式微决策可能对现有决策体系造成的冲击，积极进行思维转化，制定企业决策体系的数字化转型目标。

◆ **降低成本的目标**

降低成本是企业引入数字化技术、开展数字化转型的一个重要目标，这个目标可以细分为产品设计、生产制造、营销、运营、管理、人力等项目，并通过制定各个细分项目的目标明确总目标。

◆ **提高生产力的目标**

在企业数字化转型过程中，提升质量和增加效率是衡量企业数字化转型价值的重要指标。可以参考行业领先企业提质增效的方法与经验，对企业提质增效的业务环节进行细分，创建一套涵盖短期目标、中期目标和长期目标的目标体系。

◆ **改进安全减少风险的目标**

企业在数字化转型的过程中，务必对生产作业流程进行数字化改造。企业只有保证生产安全，减少数字化变革引发的潜在风险，才能使数字化转型顺利进行。因此，企业必须从自身的实际情况出发，围绕提高安全、减少风险制定详细的责任目标。

◆ **提升客户获取和留存的目标**

企业在数字化转型的过程中，借助互联网、大数据、人工智能等技术对营销体系进行革新，为客户获取、留存与激活提供了新方法、新途径，充分体现出数字化变革的价值。因此，企业要着重掌握数字化转型对客户获取、客户留存的价值，以科学的方式制定围绕客户获取与留存的目标。

◆ **数据驱动数据应用的目标**

在数字经济时代，数据对企业来说是主要的生产要素。因此，企业在数字化转型的过程中要格外注重数据的核心驱动作用，从数据采集、数据治理、数据应用等环节切入，明确数据驱动、数据应用的目标。

◆ **提升销售增加收入的目标**

企业能否成功进行数字化转型有多项评价指标，是否实现销售增长和收入增长就是一项重要指标。因此，企业在制定数字化转型的目标体系时要重点考虑数字化转型对销售收入增长的作用。

◆ **新技术管理和应用的目标**

企业数字化转型的实现离不开技术的支持，因此，企业在进行数字化转型时既要积极引入新技术，也要管理好新技术，借助科学的应用与管理体系充分发挥新技术在推动产品创新、业务创新方面的积极作用，制定新技术应用与管理目标，在技术层面为企业的数字化转型提供强有力的保障。

数字化转型的宗旨与价值观

从本质上看，企业数字化转型的根本思想与发展路线，既是企业进行数字化转型的宗旨，也是企业实现数字化转型过程中所要遵循的基本准则。企业的数字化转型应该以客户为中心，主要解决为客户提供何种价值，以及以何种方式为客户提供价值的问题。

企业数字化转型的宗旨需要考虑以下四个方面的因素，见表 4-2。

表 4-2　企业数字化转型的宗旨

宗　旨	具体内容
客户核心价值创造	在客户核心价值创造方面，企业要思考数字化转型能带给客户什么样的价值，能让客户享受什么样的便利，能对客户价值交付方式、交付成果产生什么样的影响等问题，因为这些问题将会是企业决定数字化转型宗旨的重要因素
客户体验	企业的数字化转型将对客户的体验造成什么样的影响？将以什么方式改善客户体验？将对企业与客户的触点网络连接方式造成什么改变？将采取什么方式让客户享受更加优越的全程体验？这些问题对企业数字化转型宗旨的确定也有着重要影响
产品体系	企业需要立足于产品视角对数字化转型宗旨进行思考，例如，在数字化转型的过程中如何对产品交付方式进行数字化改造？如何提高对客户进行产品交付的效率？如何让客户切身体验产品交付方式的变革
客户互动模式	在数字经济时代，企业与客户的关系将发生巨大改变。传统的企业与客户是相互独立的，彼此之间没有形成紧密的联系；而在数字经济时代，企业与客户逐渐形成互补、共建、共生的关系。因此，企业的数字化转型必须思考如何实现企业与客户的共享共建，如何增进企业与客户的联系，让二者建立共生关系，最终形成客户应用场景驱动的增长模式。这也是在企业与客户的互动视角上对如何确定企业数字化转型宗旨进行的思考

指导企业数字化转型的思维方式与行动指南就是企业数字化转型的核心价值观，这对企业的数字化转型行为有着直接影响。由于价值观深刻影响着思维方式，所以只有正确的思维方式才可以引发积极的行动，把事物向着预设的发展方向推进，从而实现预期目标。

企业数字化转型的核心价值观还能作为枢纽发挥作用，它可以连接企业所有部门和所有员工，既为企业的数字化转型提供内在驱动力，也为企业数字化转型行为的规范奠定良好的基础。

企业数字化转型涉及方方面面，需要通过新兴技术对企业的商业模式、组织形式、业务、运营、生产等进行改造，在利用技术革新客户生态和合作伙伴生态的过程中也可能涉及技术伦理等问题，给企业造成不可挽回的损失。解决这些问题最好的方式是树立正确的价值观，在根源上避免这些问题发生。

因此，对企业数字化转型的核心价值观的塑造需要考虑以下三个方面的内容，见表 4-3。

表 4-3　企业数字化转型核心价值观塑造原则

原　　则	具体内容
技术向善	虽然技术本身不能用是非曲直判断，但人们利用技术改造业务的行为却有是非之分，有的行为可能对企业或人造成毁伤，尤其是企业数字化转型运用许多包括互联网、人工智能、大数据、区块链等在内的新技术，这些新技术有越广的应用范围、越深的应用程度，就会对客户与业务产生越大的影响。企业在确定数字化转型的核心价值观时要重点关注技术伦理问题，把技术向善作为首要考虑条件
以用户为中心	用户是企业发展的基石，是企业数字化转型的起点和落脚点。企业数字化转型的目的是优化用户体验，因此，企业数字化转型要侧重用户体验、用户需求与用户服务，明确以用户为中心在整个价值观体系中的重要位置，为企业的数字化转型提供科学指导
肩负社会责任	在数字经济时代中，企业与社会、用户、公共服务的界限越来越模糊，企业将会在社会活动中占据主导地位。数字化转型使得企业与社会的关系更加密切，让企业享受到数字经济时代的各种红利，同时企业也必须承担相应的社会责任作为核心价值观的重要组成部分，通过自身的数字化转型促进整个社会获得更大的发展

第五章

实施方案：数字化转型战略规划图

战略体系：构建数字化转型框架

数字化转型战略是企业总体战略中不可忽略的重要组成部分。企业的数字化转型需要统筹兼顾现有的总体目标以及与之相对应的战略体系，并对企业现有的战略目标进行优化和升级，让数字化转型在深入融合企业战略目标的过程中，更加持续稳定地推动新时代企业战略目标的实现。

企业的数字化转型战略包括数字化转型总体战略以及数字化转型分战略。其中，总体战略又囊括企业的盈利模式、商业模式、定位目标以及愿景使命等与企业运营相关的方方面面；而数字化转型分战略可以从不同层面进行划分。

◆ 数字化转型的总体战略

一个企业想要长期持续获得行业竞争优势，必须与时俱进，一些方向性、全局性的重大决策往往会直接影响企业成功与否，而在战略指引的基础上开展数字化转型无疑能使企业战略目标转化成功的概率大大提高。

从某种意义上来说，企业数字化转型的总体战略在高层次上与未来直接挂钩，是对企业数字化转型的具体步骤进行筹划和指导的总方案。企业进行数字化转型的愿景和使命、定位、目标、新商业模式、新业务模式、新管理模式等共同构成了企业数字化转型的总体战略。

◆ 数字化转型的分战略

从不同层面来看，企业数字化转型的分战略包括九大内容，如图 5-1所示：

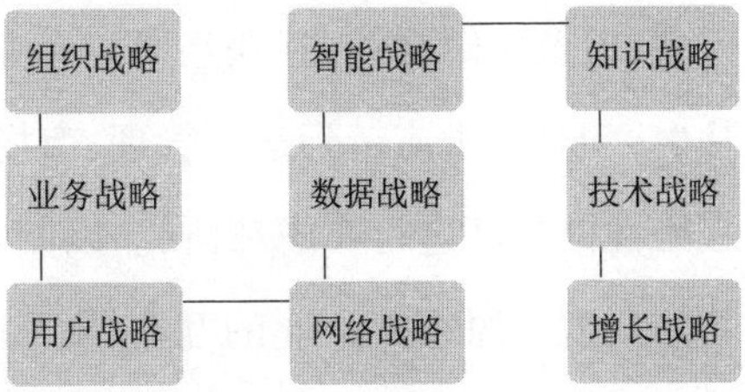

图 5-1 企业数字化转型的九大分战略

(1)组织战略

企业数字化转型的贯彻实施应该以组织变革为重要保障，在研究优秀的组织架构及其运行特点，制定组织转型的总体转型战略、目标、任务时，都应该将数字化转型作为首要的战略目标，以确保组织变革从管理层到各部门再到每个员工都得以贯彻和落实，让组织在变革中不断创新，并从源头为组织注入活力。

(2)业务战略

企业数字化转型的本质其实就是业务转型。通过数字化转型推动业务变革、流程再造和业务模式创新是企业从业内领先企业或数字化转型成功企业的业务变革和流程再造及模式创新中汲取经验的最优选择。数字化转型能在科学制定业务的战略之上结合自身业务体系，业务转型战略的科学制定是数字化转型的核心内容。

(3)用户战略

以用户为中心的智慧化企业的构建作为企业数字化转型的主要目标在企业数字化改革中发挥着不可替代的作用。如何转变原有战略，将过去的以产品为中心转向以用户为中心，是企业在数字经济条件下应该重新思考的问题。企业应该以用户全流程的体验为基点，对当前客户战略的缺点和不足进行一个全面的评估和审视，制定的用户战略在符合自身业务特色的同时，也应兼顾其对于用户价值的重塑。

（4）网络战略

推动数字化转型离不开内外网络的打通、企业资源和企业生态要素的实现，以及实时在线、互联互通。企业在进行数字化转型的过程中，需要把从生产制造、供应链到运营管理、市场营销等各个层面的网络战略放在一个战略性的高度进行考虑和研究，以制定企业级的网络战略为目标，从一个全新的角度参照领先企业的互联网、物联网、混合云等网络化改造的成功实践，审视企业当前的互联网化程度。

（5）数据战略

企业在数字化转型推动生产方式的变革中，必须充分认识数据的重要性，以数据作为主要生产资料是企业转型的重要标志。

企业要在数据采集、数据治理、数据建模、数据分析、数据应用、数据增值等数据全生命周期中，发挥数据驱动业务创新方面的重要价值，汲取行业内外领军企业的成功经验，把数据战略放在企业数字化转型的核心地位，让数据在开放共享、融合协同、创新应用中得以统筹，并使得既定的数据战略在数字化转型的过程中进一步充实和完善。

（6）智能战略

随着AI技术在传统产业中的加速应用，其在驱动企业创新发展方面呈现出指数级增长，而人工智能企业的成长特点也代表了未来企业的发展方向。

促进人工智能战略的布局是所有企业的当务之急，而如何从企业的各个业务环节中推动人工智能技术的运用，将各类在市场上业已成熟的业务机器人加快引入是做好转型的关键，人机协同、增强智能和辅助智能的应用也应该持续性推进，将智能化改造与企业业务发展相结合，推动传统的业务转型升级，在数字化转型的过程中将人工智能的战略目标明确化，并使整个企业在此基础之上收益最大化。

(7)知识战略

当今时代是一个数字化的时代，知识体系将成为企业最宝贵的财富，而业务知识的数字化改造也是企业实现提质增效、降低成本、创新发展的核心动力。因此，企业应该把知识战略作为数字化转型战略的重中之重，并在此基础上全面梳理研发知识、设计知识、产品知识、客户知识、售后知识、解决方案知识、规则制度知识、合约知识和财务知识等各类知识，以数字化转型为契机，加快完善企业知识战略，为企业知识管理的应用和知识驱动体系的建设打下坚实的知识体系基础。

(8)技术战略

在新时代的数字化转型中，技术是转型的核心驱动力，但传统企业无论是在技术管理上还是应用体系上都十分缺乏，很多企业甚至没有单独的 IT 部门，以至于在数字技术的应用、管理以及技术体系的构建等方面，所处的境地十分被动，在相关领域的地位也岌岌可危。

因此，企业应主动出击，以构建一个自研驱动、采购辅助、SaaS(软件即服务)融合、外包协同、技术顾问等多种形式相结合的企业技术生态体系为目标，变被动为主动，以超前的技术战略应对风险和挑战，将互联网、物联网、大数据、人工智能、5G、云计算、区块链等先进的数字技术纳入企业的技术管理应用体系。

(9)增长战略

增长作为衡量数字化转型价值的重要指标是企业转型过程的重要动力。

企业应将数字化转型作为契机，建立并实施首席增长官制度，在制定企业级增长战略的同时，将总体增长目标和各部门、各业务条线的增长目标进一步明确，协同推进增长战略和数字化转型的其他战略，并将其融合在一起，作为主要驱动力，不断推动企业数字化变革，促进企业全面转型。

路径规划:战略实施的五个步骤

企业在战略实施的过程中需要一个为企业量身打造的行动方案,即从企业愿景、定位、目标和战略体系等各个维度制订的具体行动计划,并生成战略实施方案。

企业找到有效的数字化转型途径之后,需要在确定数字化转型的战略目标的同时,确认产业有效的人才、资金、技术等各类资源。为了战略目标的实现,企业数字化转型应在确定资源有效的前提下进行,否则会适得其反。

在数字化转型过程中,充分认识转型的约束条件与资源需求,随机应变地制定相应的实施规划,确保最终目标达成是数字化转型战略路径规划的主要任务。在确定目标和任务可达成的前提下,企业应将投入的资源合理化并有效控制实施风险,这一过程主要包括规划约束的条件分析、规划的资源需求分析、规划的实施路径等。

战略实施的整体过程就是一个将企业战略付诸实践的过程,一般用战略行动路线图或战略实施计划表进行表达。而且,战略路径从计划到实施不是一成不变的,它是一个全过程的动态管理闭环,主要包含五个步骤,如图 5-2 所示：

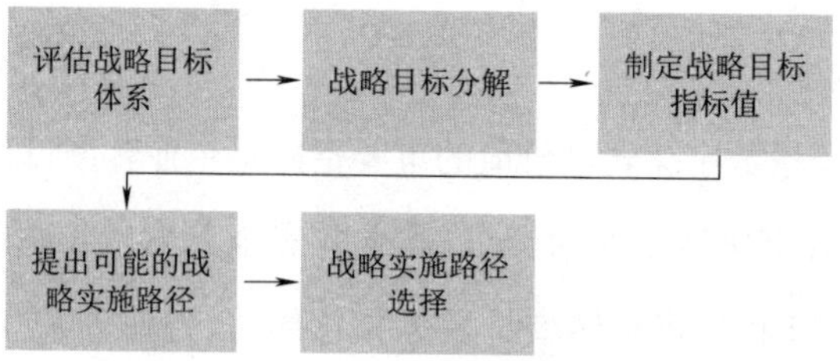

图 5-2　战略路径规划的五个步骤

◆ 评估战略目标体系

对战略目标体系进行评估时，需要遵循 SMART 原则，见表 5-1。

表 5-1 SMART 原则的具体内容

原　　则	具体内容
明确性原则（Specific）	战略目标的制定应明确，而不应过于空泛与含糊
可衡量性原则（Measurable）	战略目标的具体指标制定应合理化且易于考核和衡量
可获取性原则（Attainable）	战略目标的制定应该以对企业外部环境分析及内部资源整理为基础，制定的目标具有挑战性的同时还应该具有现实性或可实现性
相关性原则（Relevant）	战略目标与企业利益相关者的要求应保持相近或一致
时效性原则（Time-bound）	战略目标应具有一定的预见性，并在此基础上明确具体的实践时限，且时间区间适中

◆ 战略目标分解

从组织变革方面来看，如何构建组织形态、把握组织变革进度、资产的净收益率、利润率等都是应该考虑的问题；从技术体系方面来看，如何构建技术管理和应用体系，在自建技术团队、外包技术项目或者外聘技术人员的选择等方面也应该慎之又慎；而关于战略目标应该如何进行分解，怎样了解和实现战略目标，又主要通过哪些途径了解和实现，更是应该提前预备和筹划的。

◆ 制定战略目标指标值

企业在战略目标设定时，应该将其具体化，确定在一定的战略区间内应该实现的指标数值，便于在战略实施过程中进行预测、分析和控制。以底线值、基准值、挑战值为例，均需要在企业数字化系统开发过程中针对不同的实际情况对应具体的考核分值。

◆ **提出可能的战略实施路径**

鱼骨图作为一种发现问题根本原因的分析方法能够清晰地描述各类战略目标实现的可能动因，以及其中的潜在联系，并逐项分解形成多个可能的战略路径，具体步骤见表 5-2。

表 5-2 鱼骨图法制定战略实施路径的三大步骤

步　　骤	具体内容
明晰战略目标	以平衡计分的形式明确四个维度的战略目标
进行动因分解	逐层分解战略目标实现的动因
罗列可能路径	将可能的战略实施路径一一陈列，协助初步战略实施路径清单的形成

◆ **战略实施路径选择**

企业在对战略实施路径的评估与选择的过程中可以使用德尔菲法，一般可分为四个步骤：

(1)面对各种可能的战略实施路径，从战略实施的难度、对目标达成的作用和实施风险三个方面进行评估，必要时邀请外部专家参与，一般以企业中高层管理人员为主，评估内容见表 5-3。

表 5-3 战略实施路径的评估维度

评估维度	具体内容
实施难度	实施过程中应考虑的可预见性的障碍大小和所预估的投入资源多少
对目标达成的作用	在促进达成目标中所发挥作用的大小
实施风险	目标达成过程中的不稳定性因素和可能产生的负面效应

(2)在评价各要素过程中设置 1～5 分的分值，进行定量评价，见表 5-4。

表 5-4　德尔菲法战略实施路径定量评价表

指　标	定性评价				
	很大	较大	一般	较小	很小
实施难度	1	2	3	4	5
实施风险	1	2	3	4	5
对目标达成的作用	9	7	5	3	1
分析结论得分标准：对于综合评分 10 分（含）以上的可以确定为选中的即能够进行实际实施的战略实施路径，10 分以下的路径放弃					

（3）依据相应的分值将选中的战略实施路径进行排序，清晰地将战略实施路径的优先顺序排列出来。

（4）战略行动中的里程碑计划可以作为总体战略中的阶段性目标，并将阶段性目标进行组合形成战略计划的框架；根据战略行动的现实结果为每一个确定的战略实施路径制定里程碑计划或阶段控制目标，其意义在于，清晰地显示战略在达到最终目标的过程中无法回避的节点和状态；同时，细化选定实施路径的行动要点，根据审视战略实施路径所需的相关资源，进一步将战略实施的目的和预期效果进行明确，并据此选择恰当的战略实施路径。

战略实施路径一经选定，便需要进一步明确实施前的路径指导思想及策略，一般从以下三个方面进行考虑：

● 做到什么结果：明确实施战略路径的目的和预期效果；

● 需要什么资源：战略路径实施过程中所需的人力资源、财务资源以及其他资源；

● 通过什么途径实现：战略实施具体通过内部自建、联盟外包还是其他途径实现。在这方面，可以运用企业内部能力和外部能力独特性模型选择战略实施的策略和方式，如图 5-3 所示。

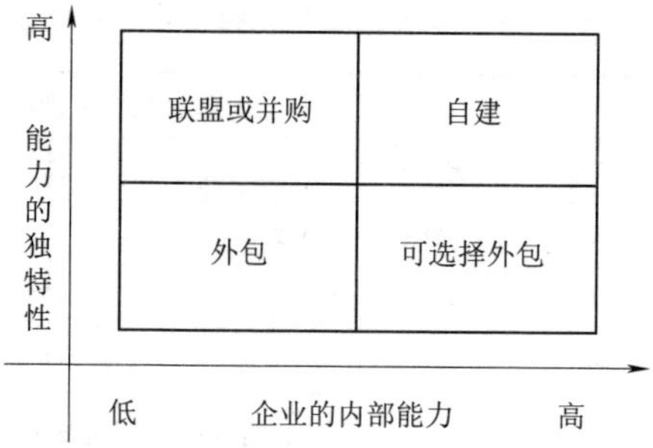

图 5-3　企业内部能力和外部能力独特性模型

战略解码：描述清晰的转型目标

将战略解码体现在数字化转型中的过程，实际上就是一个将企业的数字化转型战略体系拆分细化的过程，这个过程使整个数字化转型战略体系由复杂模糊到清晰明确，同时也让企业员工理解、信赖、支持。战略解码不仅清晰地描绘出企业数字化转型的重点，还为整个企业的具体实践提供方向性的指导，是从理论到实践的革命性跨越。

与此同时，战略解码也是一种能具体投入工作的方法，它的产生一般采用集体研讨的方式，通过头脑风暴式论争，集企业高管、技术团队、咨询顾问、业务专家的智慧，形成一个关于企业数字化转型的总体目标和实践战略方面的共识，在企业员工可以清晰理解的基础之上，制订出能够明确各层各级具体任务的、可实施的行动计划，并通过反复对照、质询，在实践和执行中不断提升质量，促进数字化转型。

战略解码实现了战略的可视化，召开战略澄清会、制定指标和对重点工作的分解、具体责任的落实等方法能够快速高效地达成目的。

企业在战略解码过程中可以参照以下原则，见表 5-5。

表 5-5　企业战略解码的四大原则

原　　则	具体内容
垂直一致性	自上到下，从企业到部门再到具体的岗位，都应在企业数字化转型战略和各部门具体业务目标的基础上保持一致的纵向承接性，这是对企业具体的转型战略和业务目标的支持
水平一致性	从企业端到端流程的整个过程是一张横向承接的巨网，企业必须重视建立各部门之间的协作关系，各部门在具体实施过程中具有连带责任，这是对整个业务流程的支撑
均衡性和导向性	指标的具体选取在企业发展过程中应该具体考虑，结合平衡积分卡的四个维度和企业导向、部门责任，均衡之后的指标选取是一个具有导向性的指标，也是一个能充分表达部门责任与特色的指标
责任层层落实	个人业务承诺计划的确定以其在绩效及对上级目标完成度的基础上进行检查和指导，在整个管理过程中以 KPI 指标责任分解矩阵表示

目标拆解：确保数字化转型落地

将整个战略目标自上而下细化分解为可操作、可实施的小任务的过程，便是战略目标拆解的过程，即，战略目标拆解是将各个业务部门的工作内容和工作目标进行细化分解，是战略实施方案的核心。

SMART原则、方向统一原则、进度统一原则是战略目标拆解的三个原则。将具体的战略目标进行拆解的过程不仅仅是简单地将一个目标由大化小、由难变易的过程，还是一个将战略目标按照时间、颗粒度、实体等维度规范拆分为科学化、可实施化的子目标的过程，而这个过程所应该遵循的原则为维度规范原则。

方向统一原则和进度统一原则是顺利完成各个子目标的协调剂，也是目标达成路程中的指示牌。方向统一原则整体上对子目标在实施过程中的方向性做出了恰如其分的规范和引导，以确保目标在被拆分为具体可实施的子目标时，既能独立完成，又能与总目标相互呼应，不至于适得其反。进度统一原则在整体进度推进方面做出要求，在各个子目标的实施计划制定中，必须将各自目标的实施进度与总体目标的整体推进考虑在内，在向总体目标靠拢的过程中，进行阶段性的衡量、评审和交付，保证子目标与总体目标之间的进度一致性。

在企业的数字化转型中，部门或团队的目标是一个整体化的概念，对于员工而言，则比较抽象模糊，不太具有可实施性，因此，企业在转型过程中必须对总目标进行细化分解，采用剥洋葱法将整个战略具体化后落实到每一个员工，避免员工因整体目标的遥不可及而产生消极懈怠情绪。

不同维度可以参照以下方式横向或纵向具体拆解，见表5-6。

表5-6　数字化转型目标拆解的四大维度

拆解维度	具体方法
按时间轴	由近到远地将战略目标和年度目标拆分和细化为可实施的短期目标，例如，将年度目标细化为季度目标和月度目标

续表

拆解维度	具体方法
按系统	将一个大系统的目标模块拆分为各个子模块的目标，例如，企业平台建设目标可模块拆分为前台、中台和后台建设目标
按组织	按照不同的部门职能拆分为市场部门、销售部门、产品部门、研发部门、测试部门和技术支持部门目标
按照部门层级	将企业总体目标按照部门层级逐层进行拆分，例如，从一级部门、二级部门、三级部门明确到小组个人目标的层级拆分

数字化转型战略方案的制定是一个将解码和拆分过后的战略目标、任务进行分配，落实到各个业务部门的过程。在这个过程中，企业需要与相关责任部门负责人签署已经确定的目标责任状，落实数字化转型工作重点和KPI责任目标。

企业在落实数字化战略执行的过程中，通过贯彻绩效管理体系和日常监管跟踪企业运营管理体系的双重保障，有效分析对比KPI数据，改善跟进未完成措施，必要时根据实际情况对资源进行整合或适当倾斜，明确相关责任人并进行动态的战略管理，从而保证战略的有效实行和目标的高效实现。

企业还可以在KPI及重点工作完成情况的评价中通过设计绩效管理体系，使绩效更加科学合理，有效激励各战略目标负责人，促进其在战略目标的实现过程中充分发挥主观能动性，达成企业与员工的双赢。

一个完善的战略管理体系必须包含战略目标体系、战略制定过程的管理及战略执行过程的战略管理。因此，企业在保障战略目标实现的过程中需要不断地解码战略、明确目标，并对目标进行详细的拆分，最后落地实践，只有这样，才能更加持续稳定地推进企业数字化转型。

第六章

战略执行:数字化转型的落地路径

建立机制:数字化转型战略管理

将把控总体大方向的战略思想分解为可操作性的具体任务,再将这些具体任务分配进企业的常规业务运作中,就是战略实施执行。而能否进行有效的战略实施执行,是决定数字化转型战略成败的重要指标。因此,一个企业若没有强劲的执行力,即便制定出高层次、全方位的数字化转型战略,也难以获得成功。

搭建战略管理机制,强化过程监督体系,执行战略评估,做好保障体系,能够帮助企业推进数字化转型战略工作的高效施行。对于企业推进数字化转型战略的工作来说,一套切实有效的数字化转型管理机制是必不可少的。拥有良好的战略管理机制不但能够保证战略的高效执行,也能够借助管理对战略进行结构性的调整或辅助企业安排新的战略计划。

数字化转型战略对于企业的重要性是不言而喻的,它所具备的长期性和持续性的特点决定了其与企业的其他各项考核挂钩将成为必行之路。因此,企业更需要将数字化转型常态化,将其融入各项体系、各个部门的日常工作中去实行。

那么，数字化转型战略的管理机制又该如何建立呢？具体方法如图 6-1所示：

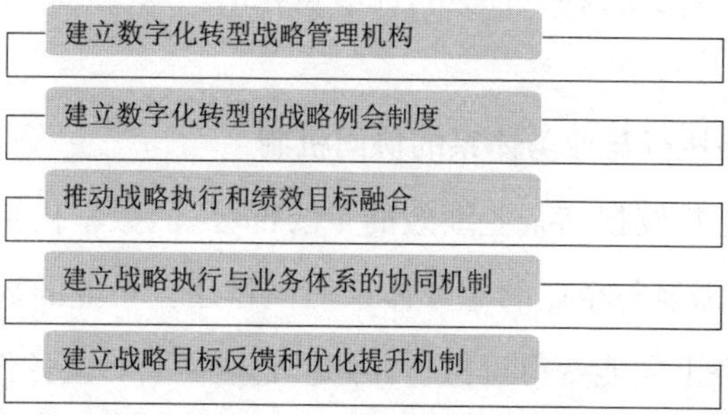

图 6-1　数字化转型战略的管理机制

◆ **建立数字化转型战略管理机构**

企业应由最高层管理者牵头组织一个数字化转型领导机构，再由企业各部门主管人员充当该机构的成员。机构成员应明确角色定位，各司其职，在企业进行数字化转型工作的过程中，他们既是数字化转型战略的制定者，也是后续工作中战略的实施者。

◆ **建立数字化转型的战略例会制度**

由先前建立的数字化转型机构组织召开企业数字化转型战略例会，在例会上对战略的制定和实施、战略的阶段性目标与总目标统一进行商讨和决策，将例会作为企业各部门在数字化转型实践的第一战场。

◆ **推动战略执行和绩效目标融合**

绩效考核是企业管理强有力的手段之一，能够帮助企业分解和落实战略目标，因此，企业应该充分利用绩效管理体系，将其与数字化转型的目标相结合，形成为企业数字化转型战略服务的新型绩效考核方式。企业要将数字化转型战略分解为一个个小目标，再根据这些小目标细化各部门、各员工的工作职责，制定出具体可测量、能够量化的绩效考核标准。

◆ **建立战略执行与业务体系的协同机制**

业务体系是持续提高企业绩效的重要部分，而数字化转型战略也不是孤立存在的，它需要与企业的业务体系协同作用。企业的数字化转型战略需要落实到业务上才能变得可执行，因此，企业需要将业务作为战略落地的核心，将企业的常态业务与数字化转型战略的具体目标有机结合，二者协同推进，从而使企业迸发出新的生机和活力。

◆ **建立战略目标反馈和优化提升机制**

数字化转型注定不会是一帆风顺的，在转型过程中需要根据企业的实际情况不断地对转型战略进行整合、试错、改进和完善。在战略开始实施后，可能出现各种各样与实际存在冲突的情形，而建立战略目标反馈和优化提升机制就显得尤为重要。企业需要在战略实施时进行严密的检查反馈，在出现与实际情况不相符的战略目标时及时进行调整，在发现未考虑全面的战略目标时能够进行优化和补充，从而一步步完善企业的数字化转型战略体系。

强化管控：建立过程监督体系

企业的数字化转型过程具体涵盖了工作项目、技术实现、战略决策和投资等各类庞杂的事项，这些事项处理起来往往繁难棘手，因此，企业需要建立一个完整的过程监督体系，才能在转型工作中化繁为简、条理清晰地安排和处理各类事务。

数字化转型战略管理机制的重要价值体现在企业能够建立一个可落地实行的过程监督管理体系上，因为正是过程监督管理体系构成了数字化转型战略管理机制的具体内容。如果无法建立良好的过程监督管理体系，企业将无法对数字化转型战略进行科学有效的管理和把控，最终的转型结果也将走向未知。

那么，企业该如何开展转型战略的过程监督呢？具体方法如图 6-2 所示：

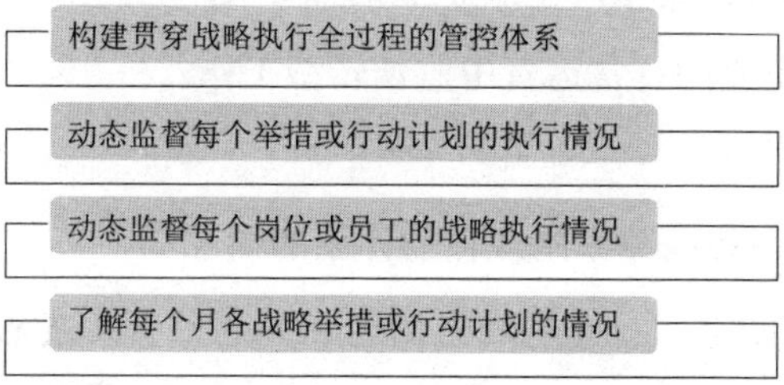

图 6-2 企业战略转型的过程监督策略

◆ **构建贯穿战略执行全过程的管控体系**

建立对整个战略的所有过程全方位监督的管控体系，规范企业数字化转型过程中的不合理策略，严格按照转型目标，以过程监督管理体系为抓手，确保准确执行每个转型项目中的任务，避免盲目执行和超计划执行等现象的发生，做到严把准入关。

◆ **动态监督每个举措或行动计划的执行情况**

企业的数字化转型过程往往包含了巨大的工作量，其中为转型进行的每一项举措、每一次行动、每一个计划中都有大量的工作需要不断沟通，反复对接，而这也要消耗大量的人力、物力、财力。如果企业不能建立切实有效的动态监督体系，难免出现遗漏未执行或错误执行的行动计划，因此，企业应该建立能够覆盖每个行动计划的动态监督体系。

◆ **动态监督每个岗位或员工的战略执行情况**

将企业数字化转型的战略目标分而化之，形成一个个具体的小的战略目标，并分派至每个岗位、每个员工；将数字化转型的战略目标与每个员工的日常工作结合起来，形成全员日常工作的转型和全岗数字化转变，实现由每个员工个人的工作转型向整个企业的数字化转型转变，将数字化转型融入企业文化，在企业的日常运营中监督转型工作。

◆ **了解每个月各战略举措或行动计划的情况**

企业可以借助定期召开的战略例会和动态监督等各种方式，掌握各个部门在数字化转型过程中的各项战略目标、战略举措和战略计划，对数字化转型过程中的每一阶段都有详细具体的把控，对每一部门、每条业务线的转型过程都可以进行有力且有效的监督。

执行评价：调整与优化战略目标

在企业数字化转型的整个落地过程中，战略执行评价发挥着极为重要的作用。即使战略执行评价并不能完全保证企业所采取的数字化转型战略是最佳选择，或者一定能够给企业的发展带来强大助力，但战略执行评价仍然是企业数字化转型流程中必不可少的关键环节。

具体来看，企业开展数字化转型战略的执行评价可以从以下几个方面入手：

◆ 数字化转型战略与企业外部环境的相关性

企业立足于所处的行业，受所在行业的产业政策所管辖，因此，在数字化转型的过程中需要时刻关注整个行业的数字化现状及进展、政策要求及变更；除此之外，也要随时了解行业领军企业和行业内数字化颠覆性企业的发展情况，以及所带来的外部大环境的整体变化。

企业要掌握战略实施进度和当下环境变化的内在联系，及时优化战略方案，调整战略布局，避免因目前的数字化转型战略与行业外部环境不匹配，而影响转型，甚至给企业造成重大损失。

◆ 数字化转型战略与企业内部条件的相关性

数字化转型战略的实施可能涉及企业的方方面面，比如，企业的配置、程序、监督、治理和决策等机制，而它们相互之间关系交错、利益相干，如果战略执行阻碍重重，实施情况与最初预想差异巨大，就可能导致战略目标难以实现。

当企业在发展的过程中改变策略时，需要有新的结构支撑，以配合整个战略的实施。因此，企业需要随时关注内部情况，及时优化战略路径，调整实施计划，推动数字化转型战略的实际落地施行。

◆ 数字化转型战略与企业资源的相关性

企业针对资源利用的情况进行准确的战略目标评价，可以从一定程度上确保战略计划的实施：一方面，可以及时发现差错并进行风险规避或纠正偏差；另一方面，还可能获得新发现、提出新目标、制订新计划，推进企业数字化转型战略更好更快的达成目标。

◆ **数字化转型战略可能带来的风险**

企业数字化转型的过程往往伴随着一定的风险，而在最初制定数字化转型战略时则难以准确估算战略的实施成本和风险。即便是引入数字化人才等措施，也可能造成企业内原有的管理人才或专业人才的流失，从而影响企业的业务线，可能造成重大损失。

因此，企业在战略执行过程中，需要及时进行评价，将数字化转型战略执行后可能带来的财力、人力、物力的损耗与业务、组织等方面的风险和损失进行一定程度的规避，尽可能将风险和损失控制在企业可承受范围内。

◆ **数字化转型战略实施的时间进度是否恰当**

企业数字化转型战略的实施需要天时地利人和，战略实施过程中的每个环节的时间进度都需要进行精准的评价，关注战略实施的时间进度可以随时发现每一环节对总体战略的影响，及时对战略做出调整。

战略执行过程中存在开发工期和测试时间等不可控因素，常常导致技术开发、部署的时间进度与前期规划相差甚远，而一个项目通常由多道工序组成，一个环节的进度落差往往会导致整体进度的滞后，这就会给企业的战略转型工作造成巨大的损失。对此，企业应采用准确的时间进度评价方式，监控战略执行进度，并在出现误差时及时调整。

保障体系：支撑战略目标顺利实施

企业的数字化转型能否成功，关键在于战略实施过程中涉及的组织、人才等各项资源能否得到保障。因此，企业需要建立战略保障体系，从组织、人才、资金、资源等各个方面预防问题的出现。

◆ **建立强有力的组织保障**

企业的领导层需要担负起战略管控的重任，专人专项，建立数字化转型领导小组。企业各个部门由负责人组织分工，将数字化转型战略从各个部门贯彻落实到各条业务线，再到各个业务单元和业务班组，最终落实到每个岗位、每个员工身上，从而使得上到战略管控层的企业领导，下到负责战略实施的每个员工，各司其职，互为驱动。

◆ **引进高水平的人才队伍**

数字化转型既需要可以将企业的战略目标进行分解的战略管控型人才，也需要可以对各个业务领域的业务模式进行优化的业务流程运营人才，还需要可以开展 IT 系统建设的 IT 支撑型人才，同时也少不了精通各项专业业务的专家。

因此，企业不仅仅要建立自身优秀的业务人才团队，加快数字化人才培养，更要积极地吸收引进外部的优秀数字化战略专家、创新型复合人才、技术开发和应用人才，将人才建设作为组织数字化转型的基石，形成强强联手、内外结合、协同共享、高效运行的人才系统。

◆ 强化数字化转型的资金保障

企业需要将数字化转型所需的资金纳入发展的长期规划中，针对数字化转型设置专门的财务计划，确保数字化转型基础平台、人才队伍、技术开发、数据采集、咨询顾问、互联互通等方面的资金投入。

企业要从长期发展的角度加强资金统筹，避免因资金链断裂造成数字化转型项目的停滞不前或半途而废，同时也要提高资金的利用效率，加强监管，减少转型成本，保障数字化转型工作顺利开展。

◆ 提升数字化转型的资源保障水平

对于企业来说，进行数字化转型要建立资源保障机制，一方面为保障资源的供给建立企业内部的资源共享平台，实现资源管理和共享；另一方面，协同外部的合作伙伴，形成协作共赢的局面，并获取供应链、供应商等社会资源。

此外，各个部门和组织需要打破壁垒、互相协作、资源共享，让人才、技术、数据、应用和业务等各项资源在企业内流通起来，共同助力数字化转型的顺利实施。

第三部分

数字化组织打造

第七章

平台化：数字化时代的组织进化论

未来组织：企业平台化战略转型

在数字化时代背景下，许多企业正积极改革原有的组织形态，向平台化方向发展。在以往所采用的等级森严的管理模式下，企业的发展主要取决于领导者；而在平台化组织形态中，所有组织成员都能够发挥其动力，可以对企业的发展产生重要影响。

◆ 企业平台化的战略逻辑

随着数字经济的不断发展和逐渐深入，国内外的大型互联网企业也纷纷开放了自己的业务平台，共享数据、用户、入口等资源，积极吸引相关行业的参与主体进驻。企业之所以热衷于打造平台战略，原因主要有以下几点，如图 7-1 所示：

(1)企业平台化可有效应对互联网冲击。平台化是企业未来的发展趋势，是企业实现永久生存、可持续发展的必然选择。

(2)构建共赢生态圈，实现可持续经营。企业平台化要对互联网思维进行有效利用，通过共赢生态圈的打造将企业之间的竞争关系转变为协同关系，将竞争对手发展为合作伙伴，将雇佣关系发展为合伙人关系，鼓励员工成为创客，让全体员工参与企业经营，打造一个全员经营的企业平台。

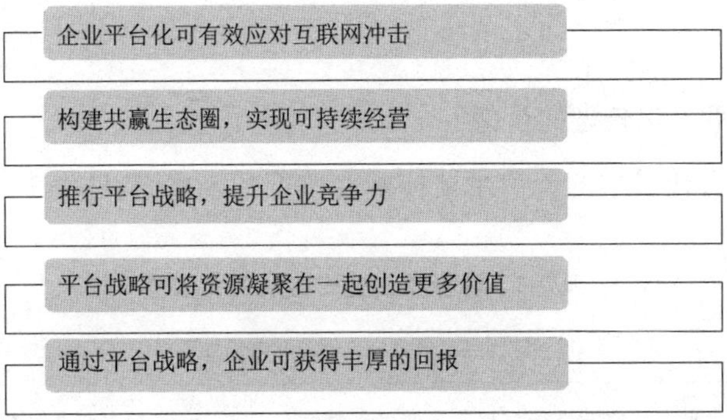

图 7-1　企业推行平台战略的五大好处

(3)推行平台战略，提升企业竞争力。现如今，各大企业都在积极推行互联网平台战略，比如，百度、腾讯通过整合行业资源推行平台战略，成功树立了自己在互联网行业的优势地位，开创了互联网行业寡头竞争的格局。在此影响下，互联网平台战略成为一种新的商业模式，互联网行业的大型企业也开始尝试对平台生态圈做出新的解读。

(4)平台战略可将资源凝聚在一起创造更多价值。借助平台战略，传统大型企业能够真正实现平台化，转变为集创新与创业于一体的平台，并汇聚创新主体和资源。平台型组织也是一个活力十足的网络化组织，可将全社会的创造力激发出来，让市场活力得以有效释放。

海尔集团推行模式创新战略，以创业文化为动力，释放成员的创造力，将员工发展为创客，并构建了一个开放的创业驱动平台，将全球所有创客资源都尽可能引入自己的生态圈。每一个创客经营体都可视为一家小微企业，他们可以直接根据用户需求创造市场，让用户的个性化需求得到充分满足。

(5)通过平台战略，企业可获得丰厚的回报。在全球100强企业中，平台商业模式为其中六成企业提供了主要收入来源，具有代表性的企业包括苹果、谷歌等。

◆ 企业平台化转型的价值

企业平台化转型的价值主要体现在以下几个方面，见表7-1。

表7-1　企业平台化转型的四大价值

序　号	价　值
1	平台战略的推行有利于企业经营模式的调整，可以对企业业务进行拆分，将整体业务分解为若干个小的业务单元，让产品营销、产品生产、产品设计、产品研发等环节实现独立核算
2	从重资产、重人力转变为轻资产、轻人力，让企业的投资运营风险得以显著下降，并能够对市场变化做出灵活应对
3	重新构建企业价值体系，对散乱的个体户资源进行有效整合，利用合伙人机制构建企业联盟，将短期收益模式转变为长期收益模式
4	通过平台化改造战略的推行调整组织架构，使企业管理能力、工作效率、企业内部效益得以大幅提升，使企业运营成本有效下降

当然，不是所有行业的所有企业都适合进行平台化改造，企业只有发展到特定阶段，在特定的环境下才适合推行平台化战略。对于已经成功完成平台化改造的企业而言，它们要么本身就处于细分市场，可以发展为专业型平台；要么就是拥有巨大的潜能，可以对整个商业生态产生颠覆作用。

总而言之，在平台化的作用下，企业发展模式可以从重资产模式向轻资产模式转变，可以从经营业务升级为经营平台，从经营资产转变为经营人才，从而达到人人可以经营、人人能够获取收益的目的。

从科层制到扁平化的进阶

在知识型企业中，评价一名员工价值和影响力的标准就是其掌握的信息数量和知识创新能力，而并非取决于其所担任的职位。企业与员工之间打破了管理与被管理的关系，逐渐发展为平等合作关系。组织中的每名员工、每个团队都可以创新活动，可以进行自我控制，开展协调工作。尤其随着企业广泛引入信息网络技术，信息、知识开始通过横向传播进行共享，实现增值。所以，只有建立扁平化的组织结构才能缩短知识传播的时间，提升知识、信息的共享效率。

一般来说，扁平化组织有两个层次：一是经营管理层，该层对企业发展方向、企业发展的战略规划起着决定作用；二是价值流小组层，即影响从原材料到成品并为其赋予价值的组织。在传统价值流的影响下，企业各个部门或业务领域的工作活动容易被割裂开来，信息无法实现顺畅流动，因此，在扁平化组织价值流重构的过程中，可以通过创建高效率的工作小组让这些工作顺利完成，以打破部门间的界限，破除部门关系约束。另外，在价值流的作用下，一个任务只需在一个团队中完成，避免了重复劳动和资源浪费。

平台化组织模式的作用在于消除等级森严的内部结构，形成扁平化的团队管理模式，充分发挥所有内部成员的才能；围绕企业的核心竞争力，开展平台化运营并建立完善的生态体系，使成员发展与企业整体发展方向保持一致，逐步建立成熟的组织文化。

以往，企业建立的是金字塔式的组织结构，企业内部拥有多个独立部门，这些部门都有对应的上级，整体呈现科层制管理模式，而采用这种管理方式的企业也能够保持较为快速的运营状态。但进入数字化时代后，企业面临的市场环境越来越复杂，之前的管理模式已经无法满足企业的发展需求，固守传统的企业经营效率只会愈来愈低下。

平台化的组织形态能够简化企业的等级分布，以团队化方式组织人才，满足各项业务的发展需求。对比大企业与小企业的运营情况可知，很多大企业都存在运营效率低下的问题，管理层制定决策后，部门反应不够灵敏；相比之下，小企业的运营效率更高，反应更快。因此，大企业应该积极改革传统的组织形态，对整体组织进行拆解，根据业务需求开展运营。

2013年，海尔开始实施“企业平台化、员工创客化、用户个性化”战略。海尔集团董事局主席张瑞敏认为，公司的中间层并不具备独立思考的能力，无法向公司反映市场发展态势。在实施组织平台化改革的过程中，海尔推出“人单合一”模式，对原有的组织框架进行调整，旨在拉近客户与企业之间的距离。

在这种新模式下，企业通过进行平台化的运营，充分发挥每个员工的优秀才能，使员工能够对接用户的需求，提高员工工作的自主性，从而调动员工工作的积极性。在这种模式下，海尔主张“把大企业做小，把小企业做大”，以平台化的管理思维，将大企业拆分为小企业展开运营，再拓展小企业的规模，增强整体竞争力。

平台化组织形态下，企业在内部建起一个个项目团队，这些团队是自由的，主要体现在三方面：首先，企业员工自由聚集在一起，为开展某个项目组成团队，这种团队的团结性更强，能够发挥成员间的协同效应；其次，项目团队掌握一定的自由权，可以根据项目发展需求制定决策、选择人才，并进行资源配置，充分体现团队的优势；最后，在运营过程中，项目团队能够自由拓展或者解体，如果项目运营完成，或者项目宣布停止运营，项目团队就失去了存在的意义，可以自由解散。

企业平台化转型的实践路径

如今，平台之间的竞争逐渐代替了传统模式下不同企业之间的竞争。与单独的企业相比，平台化生态圈更具优势。企业在实施平台化组织形态的基础上，还可以经营互利共赢的平台化生态圈，打造完善的平台化组织，促进各项业务之间的协同发展。

以百度、腾讯为例，百度以搜索业务为核心打造互利共赢的平台化生态圈，腾讯则以社交业务为核心打造平台化生态圈，还有企业以电商业务为核心打造平台化生态圈。与此同时，不少企业还采用多元化业务模式，致力于建设互利共赢的平台化生态圈。

在平台化生态圈发展过程中需注重几点：一方面，要聚焦于核心业务的运营，在此基础上不断向外延伸；另一方面，寻找生态圈内不同企业之间的互补关系，发挥整体的联动效应，促进成员之间的协同发展。除此之外，要对平台生态圈内企业的发展态势进行追踪，实施高效的风险管理，防止因某个企业经营不善影响整体的运营。

不过，平台化的组织形态也存在不足。在这种模式下，企业内部可能缺乏凝聚力，员工各行其是，容易导致整体执行率较低，不利于企业的发展。针对这种情况，企业应该通过建立平台组织文化，使内部人员更加团结，将员工个人发展与组织整体发展结合起来。

为此，企业在树立共同愿景时，要注重员工个人的成长与发展，并制定相应的奖励机制。在项目发展过程中担任主力的团队，或者在团队中起到主导作用的个体，在项目完成后应该得到企业的奖励，企业要使其成为其他员工学习的榜样。

在数字化时代下，越来越多的企业着手建设平台化组织，这种新型组织形态是企业对传统组织模式的颠覆，有利于促进企业跟上时代发展的步伐。要想提高整体组织的竞争优势，企业就要突破传统思维模式的束缚，实施平台化改革，组建自由项目团队，经营互利共赢的平台化生态圈，并注重企业文化的建设与发展。

平台型组织的人才培养与激励

即便再优秀的平台化转型策略，如果没有优秀的人才执行并推动，也难以创造价值。长期以来，传统企业倾向于将自身和消费者之间的关系界定为买卖关系，消费者付款后便宣告双方关系终止。企业更多的是从自身利益出发，尽可能地赚取更高的利润，却忽略了消费者的真正需求。这种做法的弊端被持续增长的经营业绩所掩盖，企业对经营管理人才的需求处于较低的水平。

然而，当实施平台化转型后，企业的组织架构、商业模式、管理模式等发生重大调整，对人才需求集中爆发。在平台型企业中，所有的组织成员都需要掌握资源开发及整合的能力。当然，企业为实施平台化转型可以适度引进外部人才，但更多的还是要通过内部培养，从而为转型升级提供人才支持。

具体来看，企业可以从以下几个方面培养优秀的平台型人才，如图 7-2 所示：

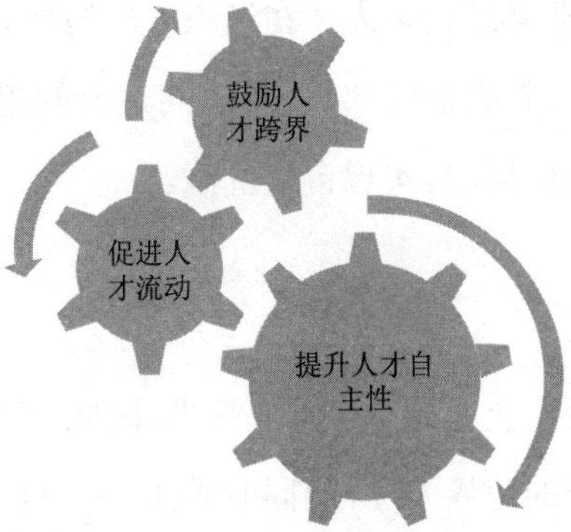

图 7-2 平台型人才培养的三大策略

◆ **提升人才自主性**

平台型人才应该有较强的自主性，可以根据实际需要，灵活整合并高效配置资源。为此，企业需要建立完善的组织机制，使组织成员可以更为灵活地开展日常工作，充分整合并利用内部及外部的优质资源；同时，鼓励组织成员进行自主创新，主动学习新技术、新技能，掌握新模式、新理念。

项目小组制对激发组织成员的工作积极性具有良好的实践效果，一方面，它明确了每个组织成员的岗位职责，使所有个体都能够在各自的项目小组中通过参与决策影响项目进程；另一方面，它使企业能够更为精准地对员工业绩进行考核评价，实现员工创造多少价值便能获得相应回报。

◆ **促进人才流动**

在平台模式中，传统金字塔式的组织结构被扁平化、去中心化的组织结构所取代，所有员工不再局限于某一个岗位、部门，而是结合项目实际需求进行组合，个体将获得实现自我价值的优良平台，从而使个体的能动性得到充分发挥。

这种情况下，企业必须促进人才在组织内部的高效流动，让员工可以结合自身能力与兴趣，选择合适的项目，与志同道合的组织成员高效协同，在为企业创造更高价值的同时，实现自我价值。

◆ **鼓励人才跨界**

跨界发展是平台型企业的一个重要标志，因此，传统企业的平台化转型升级必须要借助优秀的跨界人才，即同时熟悉多个行业及领域的复合型人才。这种人才在企业界向来是稀缺资源，由于从外部引进人才需要付出较高的成本，因此，对大多数企业而言，更为可行的方案是，积极鼓励组织内部人才进行跨界，充分激发员工好奇心，最终推动企业不断发展壮大。

具体而言，企业可以从组织内部筛选一批富有活力和创造力、有强烈的好奇心、善于从各个渠道获取信息的人才参加跨界项目。而且，复合型人才往往并不局限于某个岗位或领域，他们愿意接受各种未知的挑战，在持续拼搏奋斗中获得成就感、满足感。

第八章

生态化：搭建价值共生的组织战略

生态战略：以用户价值为依归

在竞争日益激烈而残酷的时代背景下，类似国美、克罗格这种凭借强大的终端统治力而取得较高话语权的企业能否长期生存？通过跨界整合联合一系列的合作伙伴能否让企业具备核心竞争力？如何在让自身保持领先优势的同时，快速适应动态变化的市场环境和消费需求？诸如此类的问题均是走生态化道路的企业面临的难题。

在移动互联网前所未有地将个体、组织密切连接的背景下，生态型企业正在迅速崛起。就像动物、植物、水、阳光等多种元素构成大自然生态圈一般，一个完善的商业生态系统也包括多种元素，而生态型企业自成生态圈，具备较强的自我修复、进化能力，能够长期生存并不断发展壮大。未来，商业界仍会有很多单一型的企业，但生命周期普遍较短，很容易被后来者取代，而自成生态圈的生态型企业则更容易获得长远的发展。

◆ 生态型企业的五个特征

生态型企业是企业对产业链进行持续拓展的必然结局。为了充分把握消费者的个性化、多元化需求，企业不断拓展产业链的广度及深度，完善自身的产品及服务，最终贯穿整条产业链，将自身打造成生态型企业。但生态型企业并非封闭的，它保持着较高的开放性，积极与合作伙伴协同联动，整合丰富多元的优质外部资源。

生态型企业的特征主要包括以下五点，见表8-1。

表8-1　生态型企业的五大特征

序　　号	主要特征
1	整合了产业链所有环节，能够利用产业链各环节的触点对目标用户行为及决策施加影响
2	实现产业链各环节的高效联动协同
3	与外部合作伙伴建立密切的连接关系
4	回归为用户创造价值的商业本质
5	具备较强的灵活调整能力，能够自我修复与完善，有效应对各种突发状况

生态型企业的出现，使企业回归以用户为中心、专注于为用户创造价值的商业本质。仅为消费者提供产品已经不能适应日益激烈的市场竞争，越来越多的企业在积极满足用户现有需求的同时，发掘用户潜在需求，并创造新的用户需求；更有部分极具创造力的企业则让用户成为合作伙伴，用户既是消费者，也是企业产品及服务的设计者、生产者、营销者。

◆ 生态型企业的典型代表

为了迎合交易主导权回归用户的主流趋势，生态型企业以用户为中心组织企业架构、建立供应链，实时搜集用户的反馈信息，并借助大数据技术等对产品及服务进行不断优化完善。生态型企业可以被分为以下三种类型：

(1)案例一：ZARA

以ZARA为代表的进化型生态型企业，通过引进先进的技术、设备等对产业链进行优化调整，充分满足消费者多元化、碎片化、移动化的消费需求。

尽可能地拉近与消费者之间的距离，成为企业获取并满足用户需求的关键所在。西班牙服装品牌ZARA让专业人员前往秀场、酒吧等时尚潮流群体集中出没的地方，通过观察并跟人们进行沟通交流，为设计师的产品研发提供灵感。显然，这和传统服装生产商由专业设计师根据自身偏好设计服装、让消费者被动选择的模式有着本质差异，事实也证明了ZARA的这种做法更具竞争力。

(2)案例二：阿里巴巴

以阿里巴巴为代表的创新型生态型企业，通过一系列的商业模式、管理理念等方面的创新，逐渐打造出强大的生态系统。

打造生态型企业离不开战略规划提供的强有力支持。经过多年的发展与沉淀，得益于管理层制定的科学合理的战略规划，阿里生态圈日趋完善，除了其自建的支付宝、淘宝、天猫、阿里旺旺、阿里妈妈、蚂蚁金服、菜鸟物流、阿里云、全球速卖通等业务，还通过投资并购控制了优酷、饿了么、高德地图、UC等各行业企业，客户群体覆盖了普通消费者、创业者及各行业企业。

(3)案例三：分众传媒

以分众传媒为代表的整合型生态型企业，通过投资并购方式不断完善产业链，为目标客户提供一站式服务解决方案。

分众传媒的"生活圈"与其完善的战略规划存在密切关联。最初的分众传媒仅是一家楼宇广告公司，凭借清晰明确的战略规划以及软银、高盛等资本方的支持，在并购聚众传媒、框架传媒、央视三维等平台后，分众传媒强化了自身的用户服务能力。同时，分众传媒积极与物业公司、云服务商合作打造出“物业云＋百度云＋电商云”三云合一的云系统，使自身具备了强大的受众分析能力，能够实现广告主和目标用户的高效精准匹配。

当然，很多企业在发展过程中并非仅使用一种发展模式，而是多种模式综合应用，要成长为具有竞争优势的生态型企业，需要同时具备创新力、整合力及自我进化能力。

生态闭环：延伸全产业价值链

竞争战略之父迈克尔·波特指出，产业价值链的各个环节都能够帮助企业建立竞争优势，而通过整合产业价值链各环节，能够让企业长期保持领先优势。从这一角度看，不断对产业价值链进行延伸及拓展，就成为企业取得成功的关键所在。

举例来说，全球领先的信息与通信技术供应商华为，并非仅销售手机产品，其运营商业务和企业业务在企业发展中扮演着十分重要的角色。除了为广大消费者提供丰富多元的终端产品，华为也致力于为企业级客户提供完善的解决方案。

◆ 生态思维：从链条之争到生态闭环

在激烈变革的移动互联网时代，市场竞争已经逐渐从企业之争上升至产业价值链之争，企业需要和产业链上下游的合作伙伴积极交流合作，不断对产业价值链进行拓展完善，为产业价值链打造强大的核心竞争力，实现和竞争对手的差异化竞争，使自身及合作伙伴获得高额利润。

要持续拓展产业价值链，不能只单一地追求产业价值链的长度，而是要从“长”转变为“圆”，让产业价值链形成闭环，以便能够从产业价值链的各个环节对目标用户施加影响。生态型企业既可以直接与终端消费者无缝对接，同时也能控制上游最前端，有效解决信息在产业链各环节传递过程中可能出现的失真问题，灵活、高效地响应消费者的个性需求，在不断变化的市场环境和消费需求中建立强大的市场竞争力。

对大多数传统企业而言，其竞争思维是“链条之争”；而对生态型企业而言，其竞争思维则是生态系统之争。当然，生态型企业想要使产业价值链从“长”转变为“圆”，就不能仅是简单地对其产业价值链进行拓展。以阿里巴巴为例，阿里巴巴生态圈的打造不但包括产业价值链的拓展和延伸，还包括对新市场的不断拓展创新。具体而言，就是阿里巴巴在不断拓展 B2B 业务的同时，开发出 B2C 市场，此后，在这两个领域不断对产业价值链进行延伸拓展，最终形成了完善的闭环生态。

在未来的市场竞争中，持有链条之争思维的企业很难与持有生态系统之争思维的生态型企业竞争，企业想要生存并不断发展壮大，必须革新思维模式，围绕用户需求对生态系统进行不断优化完善，与优秀的企业建立战略合作，尽可能地整合更多的外部资源，充分发挥合体势能。

◆ 生态互联：推动产业价值链高效协同

信息技术的快速发展，是生态型企业能够落地的重要基础。互联网的快速推广普及，不但为生态型企业的出现提供了技术条件和社会环境，更为生态型企业的高效运营管理提供了强有力支撑。

管理大师杰克·韦尔奇接过 GE（通用）掌舵者大旗后，对 GE 进行了一系列大刀阔斧式的改革，力争做到某一领域最好，否则就将这一业务砍掉的做法使 GE 重新焕发了活力，在市场竞争中建立了强大的领先优势。确实，杰克·韦尔奇也强调产业价值链各环节企业之间的协同联动，但当时迫于信息技术及设备不成熟，这种协同联动仅限于局部领域，创造的价值是相对有限的。

在数字化时代，企业旗下的各个子公司能够在市场中居于行业顶端，并不意味着这家企业能够在行业登顶，因为这家企业未必能让各业务板块之间实现高度协同。移动互联网、大数据、云计算、物联网等新一代信息技术在企业管理及运营中的应用，使企业具备了将局部感应快速转化为整体行动的能力，从而在参与市场竞争中爆发出惊人的潜能。

此外，物联网相关技术的发展，使得人、设备及系统能够实现实时交互，信息打破时间与空间限制，自由高效地迅速传播。企业能够通过与用户的交流互动及对用户数据的搜集、分析，快速掌握用户需求，并将这种需求实时反馈给产业价值链各环节的合作伙伴，调整设计方案、库存计划、物流计划等，使用户获得前所未有的极致购物体验。

打破边界：专注于用户的需求

在跨界融合成为常态的时代背景下，传统边界变得愈发模糊，组织边界或市场边界亦不再成为生态型企业的阻碍。企业的一切运营活动围绕用户需求展开，如何为目标用户提供满足其需求的产品和服务成为生态型企业关注的焦点。

与传统企业的价值创造相比，生态型企业更倾向于价值创新。传统企业是针对现有产品或服务进行增量性的优化改造，被动性地迎合用户需求变化；而生态型企业则会针对用户需求进行前瞻性、战略性地思考和分析，在用户尚未意识到自己的需求前为用户提供解决方案。

生态型企业能够在市场竞争中保持旺盛的活力和生命力，很大程度上就是因为其强大的价值创新能力推动甚至引领了市场。通过对大量生态型企业的分析可以发现，其增长逻辑是找到生态系统中的生物群，也就是对目标用户进行精准定位，然后围绕目标用户进行一系列的价值创新。正是价值创新，使得生态型企业在激烈的市场竞争中成功突围。

阿里巴巴为消费者和企业提供安全、公平、高效、便捷的交易平台，通过技术及模式创新解决了诚信体制缺失和支付难题，使淘宝、天猫在电商领域取得了优势地位。

分众传媒为广告主提供涵盖移动广告、户外广告、互联网广告在内的完善广告精准投放解决方案，并能够让广告主和目标用户进行深入沟通交流，为自身构建了强大的核心竞争力。

生态型企业没有特定的组织或行业边界，而是根据用户需求不断对边界进行调整。

百年企业宝洁是全球最大的日用消费品公司之一，其业务范围覆盖了食品、饮料、织物、健康护理、家居护理、婴儿护理、美发美容等诸多产业。

ZARA将自身定位为服装零售商，但它并非单纯地销售服装产品，而是要通过对用户数据的深入搜集和分析，对从原料获取到用户交付的整个过程进行有效控制，从而保障自身强大的领先优势。

此外，越来越多的企业让用户充分参与设计、生产、定价、营销等诸多环节，从而打破了组织边界。

IBM会举办各种全球线上聚会，参与人员不但包括企业员工，还包括客户和用户，在会议上，所有参与人员会对新业务开发及运营进行广泛讨论，通过发挥集体智慧创造更多价值。

微信小程序则扮演平台服务者的角色，大型企业、小微公司、创业者等都可以利用微信平台工具开发各种小程序，通过多方共建，为微信庞大的用户群体创造价值。

生态型企业专注于服务用户，在满足用户现有需求的同时，充分发掘用户潜在需求并尽可能地予以满足。在满足用户过程中，生态型企业会对组织架构、业务流程、供应链等做出调整。在各种边界愈发模糊的时代背景下，企业管理者保持跨界思维，并能够针对各种机遇与挑战，快速灵活地制定行之有效的应对策略，将成为企业长期生存并不断发展壮大的关键所在。

动态平衡：构建良性循环系统

随着移动通信技术以及电商平台的蓬勃发展，以COSTCO开市客为代表的传统零售企业的发展遭遇瓶颈已是不争的事实。

开市客将成本控制做到了极致，它通过打造全球采购中心及标准化的物流配送体系有效控制成本，利润被大幅度压缩的供应商对此存在明显的抵触心理，使双方难以真正建立良好的信任关系。而被贴上低价标签的开市客为了长期保持低价优势，就必须持续使用各种手段降低成本，这在一定程度上损害了员工、顾客及合作伙伴的利益，给其长期生存带来了诸多不利影响。

与传统企业所不同的是，生态型企业具有强大的动态平衡能力，能够进行自我调整及完善，这种动态平衡能力在以下几个方面都能得到体现，见表8-2。

表 8-2　生态型企业动态平衡能力的六大体现

序　号	表　现
1	企业成为一个实现良性循环的生态系统
2	生态系统的各个组成部分既保持独立，又能够实现协同联动，通过发挥合体势能为整体创造价值
3	各组成部分不断发展，陷入停滞或者落后的部分逐渐被淘汰，从而保障了生态系统的健康稳定增长
4	生态系统通过协调资源配置，快速高效解决发展过程中遇到的各种问题
5	与用户保持密切的连接关系，精准把控市场态势及趋势，帮助企业管理者制定更为科学合理的战略决策
6	生态系统保持较强的开放性，通过广泛合作整合优质资源的同时，降低成本并有效控制风险

如果丧失了动态平衡能力，生态系统很难长期维系，企业也将很容易被后来者所取代。面对激烈复杂的竞争环境，即便是阿里巴巴这种巨头型企业也曾出现过局部失衡问题，但其通过有效的调整及优化，快速达到了新的平衡状态。

阿里巴巴收购雅虎中国后，发现雅虎中国和阿里巴巴在企业文化和战略规划方面很难实现快速融合。为了解决这一问题，阿里耗费了两年多的时间，到 2007 年年底时，阿里对雅虎中国进行了大刀阔斧式的改革，在更换核心管理层的同时，将具有全局性、战略性的业务雅虎搜索纳入阿里体系，将为个人创业者服务的站长天下业务作为雅虎中国的核心业务。如今随着市场环境及用户需求的变化，雅虎中国失去了存在的价值，在阿里生态系统中也被淘汰。

分众传媒在发展过程中对保持生态系统的动态平衡也尤为重视，它在完成对目标公司的并购后，吸收有价值资产，果断剥离不良资产，最终打造出完善的广告业务体系，在互联网广告管理系统平台建设和数据分析方面也取得明显领先优势。

分众传媒在生态系统中开展了全面的系统性整合，在客户服务方面，为客户提供涵盖户外广告、移动广告及互联网广告的广告投放一站式解决方案；在技术及管理方面，分众传媒建立研究院，对通过并购得到的先进技术、管理模式等资源，进行研究、开发及应用；在消费者数据整合方面，分众传媒充分发挥其收购艾瑞咨询后获得的强大数据整合及分析能力，显著提高了营销的精准性。

在商业界，因为缺乏动态平衡能力而走向失败的企业不计其数。在竞争多元且复杂的激烈市场中，能否保持动态平衡能力是保持生态系统健康稳定发展的关键所在，也是生态型企业能够不断发展壮大的重要驱动力量。

第九章

自组织:数字化时代的管理新范式

耗散结构:自组织模式的基石

为了能在复杂多变的市场环境中与客户、市场开展能量交换,实现健康可持续发展,很多企业都开始关注自组织化管理。数字化时代,传统的科层化管理模式已经难以为继,必须增强自我调节、适应、修复能力,而这些能力的构建需要企业开展结构化或者颠覆式创新。在这种情况下,企业自组织管理就吸引了不少企业管理者的目光。

虽然目前自组织管理还没有形成完整的理论体系,但已在企业实践中得到了广泛应用,海尔的员工创客、百度的小团队制、华为的三人战斗小组等都是其中的典范,都对自组织管理开展了有益探索。对自组织理论及其实践规律进行摸索、提炼可以发现:通过自组织对非线性变量规律进行感知,打造爆点,可以帮助企业在复杂多变的市场环境中明确发展方向,创造一种有序的新结构,实现创新突破。

普利戈金通过对耗散结构理论研究后,提出了自组织的概念。耗散结构理论认为地球上一切生命体、组织体都是开放的系统,处于不平衡状态,不断与外界进行能量交换。因为处在不平衡状态,所以这个系统是无序的,但又处在组织之中。在与外界交换的过程中，某些非线性变量会发生突变，待能量积累到一定程度之后就会引发质变，让自组织从无序变得有序，从而形成一个稳定的有序结构。

从这方面来看，自组织指的就是在内部、不确定性、非线性变量的影响下，组织通过与外界的能量交换不断对自身结构进行调试，从无序走向有序的一个过程。协同管理对自组织的相关理论进行了深入研究。协同理论认为：自组织有序化的过程不仅受某一变量的影响，更受组织内各成员、各要素非线性交互关系的影响。组织内各成员、各要素在交互过程中能够找到一种协同价值，这种协同一旦发生，组织就会实现有序化。

由此可知，耗散结构理论也好，系统结构理论也罢，都对组织有序化的方法做了深入的研究，对组织内部的秩序、结构、规则进行了重构，使组织的内在活力、效率、协同价值得以大幅提升，让组织面对外界环境变化可以采取更有效的应对策略。也就是说，从本质上来看，传统企业组织与自组织没有区别，都在对企业的活力、效率、协同价值的来源进行探究。

现如今，我们之所以要立足于管理方向对自组织进行研究，其原因有以下几点：第一，希望借此提升组织的自适应性，增强组织的开放程度，通过与外界交互吸引更多能量；第二，提升组织运行效率；第三，刺激组织产生更多活力，增强组织对外部环境的适应性，推动组织实现稳定、可持续发展。

当前，企业组织正处在一个质变的混沌时代，这个时代推崇创新、颠覆，具有很大的不确定性。为了适应外界环境的变化，企业必须提升自己的调节、适应、修复能力，用一个互联网词汇形容就是迭代。通过迭代，组织从无序变得有序，在这个过程中不断被颠覆、重构、修复、完善，从而构建一个新秩序。

企业组织的这一转变是适应外界环境变化的重点举措，同时也是应对知识型员工管理需求的良策。为了管理好知识型员工，将员工的价值创造活力、自主经营能力、组织活力充分激发出来，企业必须转变垂直控制型管理模式，放弃权威性领导方式，而这一切都需要组织开展结构性创新。

自组织管理的内涵与特征

研究自组织管理，首先需要了解究竟什么是自组织；与传统管理方式相较，自组织又有什么特点。具体来看，自组织的内涵与特点可以概括为以下八点，如图 9-1 所示：

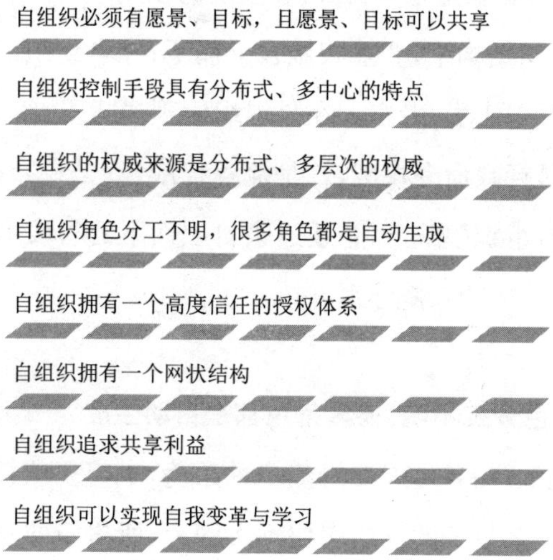

图 9-1　自组织的内涵与特点

◆ 自组织必须有愿景、目标，且愿景、目标可以共享

从战略层面来看，自组织需要在愿景、目标的引领下发展，以在混沌的

外界环境中找到发展方向。所以，自组织战略绝对没有长远的规划，这是一种方向、状态，也就是说，自组织的战略目标并不明确，它只有战略发展方向，在目标方向的引导下进入战略状态。

◆ 自组织控制手段具有分布式、多中心的特点

企业构建自组织后就会自然地实现去权威化、去中心化。根据任务要求，在自组织中，几乎每个人都有可能成为中心，成为 CEO。这里需要注意一点，虽然在自组织状态下人人都有可能成为中心，但不是人人都是中心，只是每个人都有成为中心的可能。意思就是，去中心化不是完全没有中心，只是对原来的中央集权中心进行变革，将一个控制中心发展为多个控制中心。

◆ 自组织的权威来源是分布式、多层次的权威

在原来的组织结构下，企业权威自上而下；在自组织结构下，企业权威自下而上，权威源于流程、专家。在自组织管理模式下，组织权威可以划分为三种类型：一是行政命令权威，二是流程权威，三是专家权威。组织需要权威，只不过在自组织模式下，企业过去自上而下的行政命令权威不再，而是构建了一个多元化的权威体系。

◆ 自组织角色分工不明，很多角色都是自动生成

在很多情况下，一名员工要扮演多种角色，承担多项任务。意思就是，在一个组织中，一名员工的任职岗位不再固定，所扮演的角色、承担的职责呈现多变性。在这种情况下，员工必须具备多重技能，比如，具有组织协调能力，以便在某种情况下胜任领导者的角色；具备操作技能，以便在某种情况下担任一线工人等。如果一名员工具备了这许多技能，员工就能成为组织的中心，可以对组织内的资源进行合理调用，完成目标。

◆ **自组织拥有一个高度信任的授权体系**

在自组织中，每一名员工都能获得高度授权，对自己负责的事项全权负责，自主追求协同，自动创造价值。

◆ **自组织拥有一个网状结构**

在自组织状态下，企业结构不是矩阵式或直线式结构，而是一种在价值基础上形成的网状结构。在这个网状结构中，任何一个变量都有可能引发颠覆式创新。所以，在这个结构中，我们要找到引爆点，通过不断试错、寻找机会将爆点引爆，真正实现颠覆式创新。以腾讯为例，微信就是腾讯的引爆点，随着微信的使用范围越来越广，成为一种全新的生活方式，刺激腾讯创造了一种全新的商业模式。

◆ **自组织追求共享利益**

自组织认为利益分享是一种最好的管控方式，而信任与授权是最主要的压力来源。

◆ **自组织可以实现自我变革与学习**

对于自组织来说，变革与学习是永远不变的主题。

在自组织化管理模式的影响下，传统组织形态与管理方式受到了很大的影响。那么，传统企业要如何开展自组织变革，将自组织管理的作用充分发挥出来呢？传统企业要想做好自组织管理，必须做好以下两点：

首先，传统企业必须明确一点，自组织不是无组织。自组织有秩序，只不过这种秩序不是提前设计的，是组织自发形成的，它会经历一个从无序到有序的过程，最终提升组织效率，让员工活力得到充分激发，让组织产生协同价值。意思就是，从本质上看，自组织就是一种组织形态，其终极目标、最终追求并没有改变，改变的只有组织的内部形态、运行机制和控制方式。

其次，自组织管理有三大核心要素，分别是共创、共享、共治，企业必须掌握这三大核心要素，见表 9-1。

表 9-1　自组织管理的三大核心要素

核心要素	实践操作
共创	在自组织内部，每个成员都要创造价值，成为价值创造中心
共享	自组织内部成员对利益、资源、信息共享，打造利益共同体。人力资本合作制度在某种程度上代表了人力资源未来的发展方向，从某种意义上来讲，这种制度就是一种自组织，自主经营、共享利益
共治	组织内部要建立一种民主的价值诉求表达机制，让所有成员都可以自由地表达自己的诉求，强调群体制度，倡导内部成员全都参与到规则制定过程中，达成共识

自组织架构的设计原则

面对复杂多变的市场环境，组织必须及时采取有效的变革措施，这种变革要通过组织设计原则体现出来。具体来看，自组织架构设计要遵循以下五大原则，如图 9-2 所示：

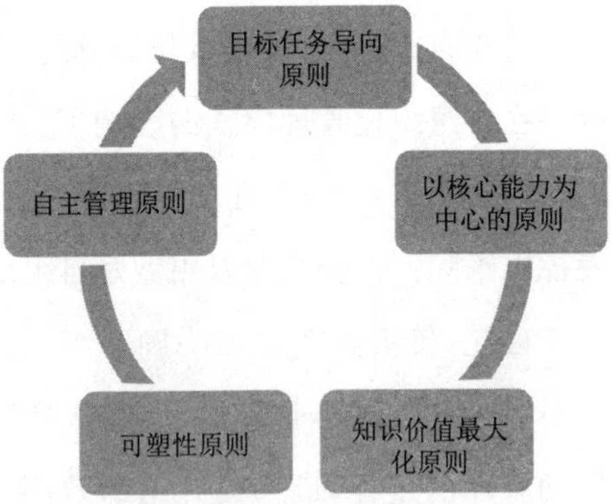

图 9-2　自组织架构设计的五大原则

◆ **目标任务导向原则**

虽然自组织团队具有永久性，但大部分自组织团队都是临时的，会随目标任务的变化而变化，目标、任务达成，自组织团队就会解散。由此可见，自组织团队的创建、解散有很大的灵活性。

除此之外，在日常运行过程中，由于外部环境在时时改变，导致任务完成所需的能力也在不断变化。在这种情况下，为了完成任务，自组织团队必须及时做出调整。

◆ **以核心能力为中心的原则**

对于现代经营理论，现代管理学之父彼得·德鲁克提出一个观点，他认为现代经营理论要在组织环境——特殊使命——核心能力等一系列假设的基础上形成。从这方面来看，企业要在核心能力的基础上确立自己的竞争优势，组织设计要遵循以核心能力为中心的原则。意思就是，组织结构要帮组织更好地获取核心能力，让核心能力的作用在竞争过程中得以有效发挥。

◆ **知识价值最大化原则**

随着知识成为组织运作的关键资源，组织设计必须对知识价值的实现进行充分考虑，想方设法让知识的潜能在最大程度上发挥出来。所以，作为一种全新的组织形式，自组织团队要在遵循知识价值最大化原则的基础上开展组织设计。

◆ **可塑性原则**

任何组织都有一个比较稳定的结构，但传统组织的结构太过稳定，不具备可塑性。面对复杂多变的外部环境，组织必须对战略进行实时调整，在此情况下，自组织团队的内部结构也要经常调整。

对于这个问题，麻省理工学院斯隆商学院的杰伊·加尔布雷思发表了如下观点："既然变化是永恒的，那为什么不能设计一个可以灵活应变的组织呢？也就是说，面对复杂多变的外部环境，我们需要一个全新的、统一的组织设计，让组织结构可以随企业发展战略做出灵活的调整，实现重塑。"

◆ **自主管理原则**

在运行过程中，自组织团队成员的计划、决策、协调都要自主进行。自主管理与民主管理不同，虽然两者都倡导成员参与管理，但自主管理的层次要比民主管理高。在自主管理模式下，团队成员可以共享领导权，员工的工作热情、工作积极性可以得到充分激发，组织的灵活性可以得到有效提升。

虽然自组织团队倡导自主管理，但不意味着组织成员可以自行其是。自组织团队的成员同样要接受共同发展目标与发展愿景的指导，只有这样才能真正实现自主管理，实现企业发展目标，否则团队就是一盘散沙，且不说企业发展目标无法实现，团队成员也无法实现自主管理。

自组织团队结构的实践路径

由于自组织团队是一种分权式的网络型组织结构，其基础是任务和习惯，核心是团队的自组织管理，可以随时组织、随时解散，因此，自组织的组织结构设计要遵循这样的思路进行，即先明确战略，厘清结构，再选择路径，最后明确职责。具体来看，自组织团队组织结构设计步骤见表 9-2。

表 9-2　自组织团队组织结构设计的四大步骤

步　骤	具体内容
确定战略	确定自组织团队建设的战略目标，包括具体的目标、使命、愿景，需要执行的任务，计划取得的成果等
厘清结构	明确自组织团队在运行过程中的成员、资源、环境、目标等因素之间的关系，明确对这些因素进行系统整合的方式、方法、制度
选择路径	这里的路径指的是自组织团队的运行过程，也就是将自组织团队建设的战略、目标制定成方案，将措施具体化，将措施转化为具体的行动，最终将行动落地的过程，这个过程包含一系列动作，比如，计划、决策、发展、行动、协商等
明确职责	职责指的是自组织团队中的成员在不同发展阶段需要扮演什么角色、承担什么职责，自组织团队建设要对这些职责进行明确

自组织团队的结构设计不仅要对上述四步做出明确规划，还要与自身特点结合对组织结构设计方向进行明确。

◆ 组织的柔性化

传统的层级制组织有很多优点，比如，有严格的纪律、重点突出、员工有使命感、可以实现有效协调与控制等，但自主创新意识不强，面对复杂多变的市场环境无法及时采取有效的应对策略。

柔性化组织所拥有的创新性好、改革速度快等优势正好能弥补层级制组织的这一缺点。另外，在柔性化组织中，成员之间通过不断磨合还能增强组织向心力，提升危机应对及防控能力。

有很多方案可以完成柔性化组织的构建，其对应的组织结构也非常多。

事实上，未来的组织都会具备这一特性。如果某组织的设计原则只能与一种固定的组织结构形式相对应，就完全违背了组织的灵活性原则，是不合理的。

现如今，很多企业都采用团队工作的方式进行组织的柔性化建设。这里的团队主要包括两种类型：一种是具有长期性的工作团队；一种是由企业各部门的专业人员构成的专案团队，团队目标是为某一特定问题提供解决方案，问题解决之后团队就会解散。这种工作方式打破了传统的高度集权的组织方式，能够在很大程度上赋予员工自主权，让工作开展方式变得更加灵活。

◆ **组织的学习化**

学习型组织可以对知识进行创造、获取、传播，还能对自身行为进行修正，使其与新知识、新见解相适应。所以，企业要想成功推行知识管理，必须创建学习型组织，促使组织学习化，其主要原因在于：

- 学习型组织有共同愿景，能够促使组织成员为了完成他们关心之事积极主动地开展创造型学习，反思业务活动，践行新思想，以获取新知识。另外，学习型组织还鼓励员工学习经营活动，以促进知识创造。
- 知识在传统的组织结构中传播可能遇到一些障碍，比如，知识垄断、员工之间没有建立良好的信任关系导致知识传播效果不佳等。在学习型组织中，由于组织成员有共同的企业愿景，使成员与组织之间的关系被改变。

在共同愿景的作用下，员工会获得一种本位感，对自己的企业以及所从事的工作产生一种归属感。如此一来，在传播知识的过程中，员工就不会只关注个人利益，而是会将关注点放在自己分享的知识能否被组织使用，能否提升组织运行效率等方面，如果自己分享的知识产生了良好的效果，员工就会获得极大的激励，从而提升知识传播效率和应用质量。

第四部分

数字化人才变革

第十章

人才智能:重塑组织与员工的关系

技术驱动下的人才管理变革

当今世界,数字技术的应用越来越与我们的生活密不可分。人工智能的运用、移动通信技术平台的发展、传感器系统的普及等,给我们的生产生活带来了巨大的影响。但与此同时,伴随技术的快速发展,企业生产力方面的进步却无法与之同日而语。很多企业即使积极引进新技术,也难以改变企业生产率增速缓慢的现状。

这让我们不得不承认,在数字化技术日新月异的背景下,技术的更新换代和现实生产力的改革提升之间有着一道越来越深的鸿沟,且二者的差距呈现不断加大的趋势。毫无疑问,这也将最终导致生产力低下的企业快速失去市场地位和存活空间,尤其近些年,全球范围内跌落神坛的企业更是不计其数。

那么,如何在这个科技迅猛发展的时代站稳脚跟,不断缩小企业现实生产力同技术变革之间的鸿沟,就成为每个企业都应该思考并为之付诸行动的重要课题。与此同时,与时俱进的人才管理战略无疑是关键。

随着数字技术的大规模运用,劳动力也呈现明显的数字化特点,他们可以通过更多渠道拓展自己的知识和能力。而与之相对应的，企业的发展现状也对相应的劳动力群体提出了更加严苛的要求。

就一般情况而言，技术的发展速度快于人类的适应速度，而人类对科技的适应速度又大于企业变革的速度，整个过程中最为滞后和不易改变的是社会政策的变革。人力资源因素，也就是人才管理的变革在技术变革和生产力变革中发挥着桥梁作用。人力因素将技术变革与生产力变革有机连接起来，促进企业在新的环境下转型升级。而人力资源部门在运转过程中将劳动力作为一种特殊的资源进行整合和管理，在帮助企业适应技术变革的同时，为员工提供最匹配的岗位和工作模式，以助力企业全面适应改革甚至促进社会相应政策改革为目标持续为企业、为社会贡献力量。

所以，如何重新构建人力资源与企业实践的完整体系，在重大变革发生之前防患于未然，是企业的人力资源管理部门应该持续重视的问题。着眼于这方面的认识和考虑，新时代人力资源管理的升级意义非凡。

在数字化时代的影响下万象更新，社会事务、企业发展和人力资源都出现了新的特征和变化。企业在这样的大环境下拥有了前所未有的机遇，也面临着方方面面的挑战，无论是劳动力资源、工作环境还是企业岗位的定义，都可能影响和改变员工的行为。

例如，在数字化时代，数字化业务和劳动力资源工作技能的持续更新，势必会影响和提高企业对相应部门或环节的关注度，促进企业在职业策略、人才流动性、组织生态系统和网络等方面的革新，以及劳动者个体的进步。

企业的整体发展和革新将人力资源管理推向了新的高度，传统意义上的培训或职业生涯设计已经无法满足新时代企业对人力资源管理任务的要求。人力资源管理需要用全新的眼光看待整个企业的构架与发展，审视新发展状态下企业的整体实力与现状，关注企业实际的领导力和员工的整体体验。面对新的局势自然有新的原则，新局势下的人力资源领域的实践者与管理者也应该有新的探索、解读和发现。

这些新原则的探索、解读和发现正是人力资源管理者适应时代的体现。从思维方式到行为模式的转变，为企业未来发展过程中的领导、组织、激励、管理和吸引人才方面奠定了基础，为企业的改革和发展降低了风险。了解这些新的原则便如同站在巨人的肩膀上看世界，有助于企业探究当下和未来，应对机遇和挑战，并适时地对人力资源管理计划进行相应的调整。

以员工体验塑造雇主品牌

随着生产力的发展和经济的腾飞，人才在企业生存、经济建设和社会发展中发挥着越来越重要的作用，但人才短缺问题日益严峻。如何在现有环境下发掘、培养和招募合适的人才已经成为企业迫在眉睫的挑战。与此同时，原有的工作模式逐渐无法满足新时代员工的需求，员工对企业新模式的渴望日增。面对这样的现状，企业必须做出相应的改变来应对，与时俱进，借助社交网络等新型工具进行人才的发掘、识别和吸引，在追求创新的同时充分调动和使用企业内外部的人才资源。

在以往的企业管理中，人才问题是人力资源管理部门重点着眼的问题，现如今，人才的引进和培养却越来越需要企业内部多个团队协调完成。与以往相比，信息通信技术的发展使得个体可以根据自己的需求挑选雇主，并最终达成双向选择，所以企业雇主品牌的吸引力和企业自身的吸引力均会对吸引人才产生一定的影响。不过，雇主品牌的形成是一个日积月累的过程，涉及企业的方方面面，一个极具吸引力的雇主品牌能够帮助企业在人才市场上摆脱劣势。

另外，企业团队在进行管理的过程中如何判断求职者的真实能力，降低企业在人力资源获取过程中的管理、聘用和培训的成本以及风险也越来越重要。预测分析聘用者的过程必不可少，企业应该着眼于对人才能力的真实性进行评估和预测，重视招聘流程的落实，而不能一味通过证书等预判求职者的能力和水平。

即使人力资源共享服务作为一种新型的管理模式已经在许多大型企业的人才获取及人才管理上大展身手，但很多招聘方面的工作依旧需要依赖于企业中的招聘人员和人力资源专家。由此可见，任何一个新模式的运行都是一个循序渐进的过程，企业应该一方面从人才获取的新方法中，获得更佳的规模效益和人才招聘效率；另一方面，在一个更有竞争压力的求职环境中给予求职者更加丰富、独特的体验，为企业挑选最符合需求的应聘者。

“求职者关怀”也是一些企业为了改善求职者的体验而做出的努力，如何在既不损害求职者声誉又不打击求职者积极性的同时委婉地拒绝求职者是“求职者关怀”的主要内容。例如，很多企业会在拒绝应聘者后邀请应聘者在就业门户网站进行注册学习，以帮助他们完善简历、提升技能、开发潜能，为求职者个人职业生涯的发展做好铺垫。

随着越来越多的新生代群体进入职场，企业人力资源方面也面临新的挑战。跟以往的求职者相比，新生代群体更加注重个人的成就感、企业整体的吸引力以及相对愉悦的工作环境和工作体验。因此，在这样的大背景下，企业应该有意识地将影响员工工作体验的因素进行整合，致力于为他们提供更加良好的工作体验，营造更有助于发展的企业文化，提高新时代背景下员工的认同感、归属感和敬业度。

企业要想在人才市场上具备吸引力，就应该致力于从各个方面改善员工的工作体验，而不能只单纯依赖薪酬福利。人力资源管理部门应结合自身情况对员工反馈、数据整理方面进行进一步的挖掘和分析，集中精力构建新的、更符合时代需求和员工诉求的方案，打造极具吸引力的雇主品牌。

打造学习型组织文化

以往，企业的人力资源部门在规划员工职业生涯的时候往往会根据员工拥有的技能水平进行规划和评估，但未来这种评估方式可能不再适用，如今员工需要掌握和学习的技能需要持续不断的更新。以软件工程师为例，他们的技能更新换代速度极快，对员工再学习的能力要求高，以12～18个月为周期便需要回炉重建自身技能以适应市场需求。此外，其他诸如法律、金融、会计、销售、制造以及市场营销等行业也有类似的要求。

数字化时代提倡员工永不停歇、随时随地地学习，而企业也乐意在人员培训方面提供资金，这是一个员工与企业双赢的过程。员工面对新时代的技能要求，逐渐从为了职业而学习转向学习与职业的深度融合，将职业本身看作一个需要不断学习的过程。在企业和员工的双重配合下，企业的发展和进步将更加顺畅。

实际上，员工的学习和发展能力也是衡量一个企业雇主品牌吸引力的重要标准。员工作为企业发展过程中独立的个体本身便是推动企业发展和职业动态发展的主要源泉。因此，各行业的领先企业也都开始采取行动，切实地关注员工的技能与潜力的开发，积极地满足员工对企业和自身发展的期望，推动整个企业在永不停息的学习中不断向前，鼓励员工在学习体验和企业驱动下根据自身条件更加准确、快速、便捷地培养技能、开发潜力，力图通过人才的争夺和培养，用动态的职业模式打败现阶段以及未来的竞争对手。

随着互联网的发展，学习渠道、学习平台、学习质量以及学习成本都产生了巨大的飞跃，在线课程的普及、创新平台的开发、爆炸式信息的增长让学习的机会唾手可得，反映在企业的人力资源管理与开发上便是，企业对新型员工学习系统的投入大幅度上涨，从基础设施和新型工具引进方面着力，促进企业学习发展部门的整体架构运营以及目标任务改革换新。

回想十年前，各企业还在着力发展虚拟平台建设虚拟大学，满足于在线课程目录的构建。现如今，科技的日新月异让企业将学习职能提升到一个具有战略意义的高度，致力于发展企业的创新意识、培养员工的创新能力，让员工不断地在学习中找差距、找经验，自然而然地进行团队协作。此外，团队资源的整理与融合也不可忽视，企业中逐渐形成了集IT、财务、设计、市场、销售于一身的跨职能团队，以跨学科的思维为企业的发展提供更加全面具体的解决方案。

值得一提的是，在应对时代变化的过程中，一个企业的首席学习官是引领企业和组织学习的灵魂人物，能够提高企业新一代员工的能力和水平，促进员工的职业发展、提高员工的整体体验，并确保企业业务的整体增长。在学习和引领学习的过程中，首席学习官不仅可以为员工提供解决问题的方案和推出创新的路径选择，鼓励员工在学习的过程中打磨自己，练就过硬的本领，而且可以推动员工在不同的岗位轮岗，进行不同的尝试，让员工掌握跨学科的技能，为组织结构向团队网络结构的转变奠定基础。

构建新型绩效管理模式

随着不同行业、地区对企业整体评估的全面性增强，新的绩效管理方法层出不穷，许多企业都在持续地进行多方面的尝试、创新和推广。新型的绩效管理模式，无论是从目标设定、绩效考核，还是激励机制，都需要进行整体的更新和升级。而企业需要在管理模式中不断均衡技术、业务和工作内容之间的关系，将整个考核的重心由绩效评估转向持续的反馈和培训。事实上，在企业文化的变革中，暂时还没有相配套的技术工具能够让这些绩效管理方法得以完全实施，但毋庸置疑的是，这些方法早已渗透企业运营的方方面面，并不断地发生作用，影响和推动企业的发展和生产力水平的提高。

构建新型的绩效管理模式，是行业进化和市场竞争对于企业提出的要求。如今，企业的运营以团队作为网络，不再片面地追求职务驱动，而更加注重任务驱动，将职业生涯的外延扩大，更加突出学习的战略性地位。在这样的条件下，企业的运营和管理急需一个统一的目标以便提供持续性的反馈。随着团队的重要性日益突出，团队协作的精神也得到越来越多的重视，评估目标的达成与否，除了需要看员工的个人业绩，还应考察该员工在整个团队中的作用以及在团队工作中的贡献，因此，绩效管理逐渐演变为一个综合效益的评估过程。

在整个团队绩效的评估过程中，企业需要采用不同的衡量标准确定团队的成功与否。一个团队的发展、进步与成功离不开团队成员之间的信任和帮助，更离不开团队自身的包容性与多样化，以及团队任务划分时责任的明确度。而一个企业的成功离不开团队与团队之间的协作，也离不开团队领导者的亲身实践和参与。这些都需要企业采用新的工具、新的方法主动适应新的模式，在开展相关实验的过程中切实地衡量这些新标准。

不同规模的企业在具体的实践过程中具有一定的差异，一般来说，中小型企业相对比较灵活，可变性强，可将绩效目标直接设定在个人或团队的范围内进行实践；大型企业则相对来说比较复杂，因此，必须以企业整体的共同意识和共同目标为坐标，将目标细化至部门实施，确保发展更加明确、衡量方式更加有效，不再拘泥于传统的上传下达。

鉴于当前变革仍在持续进行且速度空前，我们无法预知这场绩效界革命的结束时间，也无法预计绩效管理标准的内容最终将如何演变。但可以肯定的是，一代又一代的改革者和实践者前仆后继地进行试验，反复对比优化、及时改进更新，不同类型、不同地区、不同规模的企业都会逐渐在自己的领域，依据自身的现实情况，找到最适合自己的绩效管理体系。

人力资源管理职能的变化，是企业为了适应数字化时代的变化而进行的自我调节和自我革新。人力资源管理不仅需要提高服务的达成交付效率，并依据这个效率，将企业的组织结构进行一个综合意义上的重新构建，与此同时还必须时刻关注员工的整体体验，不断调整绩效管理方法使之最大限度地适应企业当下的实际情况。新的原则需要人力资源组织对自身进行一个全方位的审视，找准自身定位，全身心地应对企业当前所面对的人力资源挑战，不断地改善问题，在企业人力资源管理的领导者和人力资源团队的共同努力下将新的创意和想法快速地投入实践，在检验中不断改进、不断总结，为新原则的产生贡献力量。

第十一章

变革领导力:培养未来领导者素质

组织变革成功的关键要素

组织变革是企业适应内外部环境变化、实现持续成长和基业长青的重要保障。而组织变革成功的关键因素,则是企业领导力。

当前,业内对领导力并没有形成统一的定义,从不同的角度出发,领导力也会有不同的侧重点。如在《领导力》一书中,詹姆斯·库泽斯①和巴里·波斯纳②认为,领导力就是带领其他人走到他们从未走过的地方的能力。

而宝洁公司的领导力概念,则凸显了领导能力的五个层面:Envision(具有战略远见),Engage(激发他人意愿),Energize(鼓舞团队士气),Enable(分享、教练知识体系和技能),Execute(超强执行能力)。

全球最早的人力资源外包和咨询服务公司翰威特,基于几十年的咨询服务以及对大量企业组织变革的研究分析,得出了以下结论:随着内部运作环境和外部市场生态的变化,现有的组织架构和运作能力,将越来越

①詹姆斯·库泽斯:汤姆彼得斯公司(Tom Peters Company)的荣誉退休主席,该公司是帮助组织使用领导力培训和解决方案创造一个新工作环境的专业服务公司。

②巴里·波斯纳:世界知名的学者和教育家,圣克拉拉大学列维商学院的院长和领导力教授。

不能满足企业发展的战略要求。因此，企业需要进行内部的组织变革，以增强组织能力，实现良性运行和持续成长。而领导力是组织变革成功的关键要素。

正如詹姆斯和巴里所讲的，领导力是对未曾到过的地方的探索，这种对不确定性领域的开拓，有利于企业形成一种创新求变的氛围，从而敏锐地察觉组织变革的需求。

◆ **领导力决定了组织变革的方向**

优秀领导力不仅能够让企业敏锐地察觉组织变革的必要性，而且能为组织变革提供明确的战略方向和目标。正如宝洁公司对领导力的定义，首先强调的就是企业领导者要具有前瞻性眼光，以便能够准确把握和预判未来的商业生态变化，为组织变革提供战略目标，保证变革方向的正确性。

◆ **领导力决定了组织变革的执行和落实**

组织变革是对原有组织模式的颠覆、创新甚至重构，必然面临诸多阻碍，因此，需要具有强大持久的执行力以保证变革的顺利落实。强大持久的执行能力，主要源于组织高层优秀的领导力。

◆ **领导力决定了组织变革所需要的资源**

当企业现有的组织模式和能力，无法有效应对内外部环境的变化和发展要求时，就需要进行组织变革，以便建立新的组织模式，培育新的组织能力。而不论是新模式的塑造，还是新能力的培养，都不是短时间内能够完成的，而需要持续性的资源投入。因此，企业只有具备强有力的领导力，才可能有效整合调配各种资源，为组织变革的执行和落实提供有效的资源支持。

著名畅销书作家吉姆·柯林斯[①]，在其2009年出版的《从优秀到卓越》一书中，提出了“先人后事”的成功模式。他认为，人是企业的重要资源，是组织变革成功的关键，缺少了“人”这个关键资源，就很难完成组织变革这个决定企业发展命运的“事”。而要想最大限度地获取人的价值，就离不开优秀的领导力。

总之，组织变革是企业应对内外部环境变化、实现基业长青的必然选择，而领导力则是组织变革的关键成功要素。因此，企业的高层管理者只有首先培育出优秀领导力，实现领导力的跨越式发展，才能推动组织变革的落地和成功。

领导力需求的转变路径

组织变革涉及企业运营的多个方面，需要基于内外部环境、业务要求、固有模式等因素制定科学合理的变革策略。根据以往研究和企业实践，可以从两个不同维度对组织变革进行分类：

- 根据变革的深度和力度，分为渐变型变革和剧变型变革；
- 根据企业的业务策略，可分为关注回报型变革和关注增长型变革。

领导力是决定组织变革成功与否的关键要素，但是，不同的组织变革类型，对领导力的要求侧重也有所不同。根据上面的分类，可以形成领导力需

①吉姆·柯林斯：毕业于斯坦福大学。著名的管理专家及畅销书作家，影响中国管理十五人之一。曾获斯坦福大学商学院杰出教学奖，先后任职于麦肯锡公司和惠普公司。

求矩阵，如图 11-1 所示：

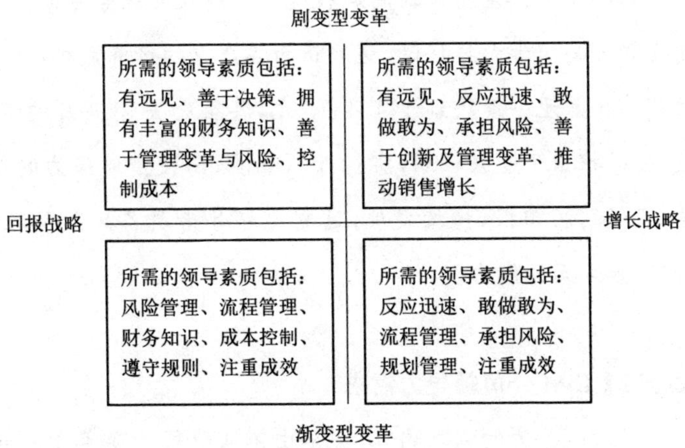

图 11-1　领导力需求矩阵

领导力需求矩阵显示了不同变革类型所需要的领导素养。因此，企业领导者在培养自身的领导力时，首先需要明确组织变革的深度与力度，以及企业的业务发展战略；然后根据变革要求，制定相符的领导力培育计划。下面，我们以施乐、IBM 和微软这三家企业为例，说明在组织变革的不同阶段，领导力需求的转变路径。

◆【案例 1】施乐公司领导力需求

在第三任 CEO 大卫·卡恩斯领导公司时，施乐公司正面临外部竞争的巨大压力。“我们正被一条章鱼缠得快要窒息过去”，卡恩斯说道，这条章鱼就是当时快速崛起的日本厂商。因此，施乐公司亟须进行深度的组织变革，以增强竞争能力，实现业务增长与扩张，这就需要领导者具备快速反应、勇于进取、敢于创新等特质。

到了第四任 CEO 保罗·阿莱尔时代，施乐已经基本完成了内部的组织变革，但依然注重业务规模的扩张与增长，以抢占更多的市场份额，这时组织对领导力的要求更侧重于合理的流程规划和绩效管理等方面。

而到安妮·马尔卡希接任时，施乐正面临严重的经济危机：公司股票从高峰时的63.69美元一度跌到了4.43美元，甚至失去了90%的市场份额。这一阶段，公司推出了复兴计划，实行开源节流，以便借助强力的组织变革扭亏为盈，实现利润回报，持续发展，这需要领导者具备风险管理、财务运营、成本控制等方面的能力。

◆**【案例2】IBM公司领导力需求**

IBM公司对领导力的需求内容，也是由不同阶段的变革要求和业务策略决定的。例如，在路易斯·郭士纳接任IBM时，公司正面临严重的巨额亏损，需要进行大刀阔斧的组织变革，以实现持续不断的增长。而IBM之所以选择当时没有任何IT工作经验的郭士纳，正是由于他具备了与组织变革和业务策略相匹配的领导力。

◆**【案例3】微软公司领导力需求**

同样，IT行业巨头微软的领导人更替，也是为了迎合组织变革的诉求。在比尔·盖茨初创微软之时，需要的是富有远见、反应敏捷、勇于开拓创新的领导人，以便推动公司业务的快速增长。而史蒂夫·鲍尔默担任公司总裁和CEO时，微软已经成为IT业界的霸主，这时公司需要的是渐进柔和的组织调整、完善，保证内部运营的稳定性，以推动公司业务的持续增长。

因此，组织变革与领导者的素质密不可分，只有具备了符合诉求的领导力，企业的组织变革才能成功落地。

培养变革领导力的实践法则

既然领导力是决定组织变革的关键要素，那么企业应该如何发展领导力，以匹配组织变革的诉求呢？

全球知名的人力资源咨询公司——翰威特咨询公司曾先后四次对亚太和欧美地区最具领导力的公司进行调查研究，探索优秀领导力的发展策略和培养模式，观察这些公司是如何发现、挖掘和培养具有潜在领导力人才的，探讨领导力措施与组织绩效的相关性。

翰威特公司的研究，主要是对企业的高层领导者（如 CEO、COO 等）以及高层人力资源管理者进行访谈，以收集他们对组织领导力的观察和看法。通过持续的追逐调研，再结合这些最具领导力公司的具体实践，翰威特公司最后得出了三个培养变革领导力的实践法则。

◆ 高层重视领导力开发计划

公司高层必须首先认识到领导力发展对组织变革和运行的重要性，并积极参与领导力的培育过程，才能带动整个公司形成利于领导力发展的制度和文化氛围。而翰威特的研究也显示，在最具领导力的公司中，CEO 与董事会对潜在领导人才的重视培养比例，分别高达 100％和 65％，远远高于其他公司的 65％和 31％。

以思科公司（Cisco）为例，在翰威特的领导力措施研究中，思科公司卓越的组织领导力，主要源于高层管理者（从董事会到 CEO）投入了大量的时间和精力进行领导人才的挖掘、培养。翰威特咨询公司总结出思科公司四大人才培养法则，如图 11-2 所示：

● 思科公司的 CEO 和高层管理者，十分注重对继任者领导能力的培养。他们通常会担任内部培训班的讲师，与潜在领导人才进行交流沟通，并分享自己的管理经验。

● 多元化的人才发展策略，是思科具备强有力领导力的重要因素。为此，CEO必须掌握众多领导职位继任者的能力和人才结构，了解他们的培养规划。同时，为了优化人才结构，思科每年还会举办专门的女性高级管理者论坛。

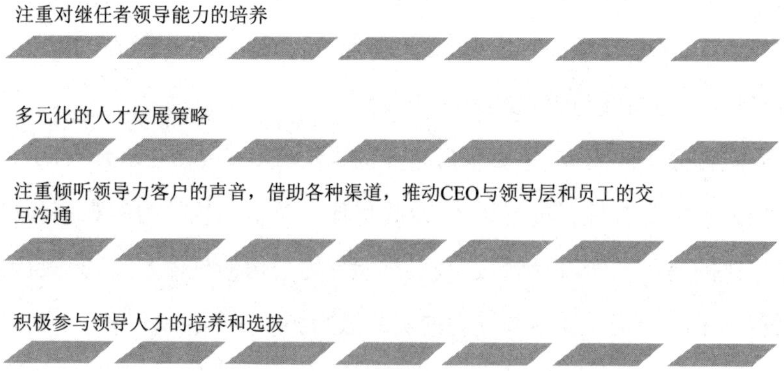

图 11-2　思科公司的四大人才培养法则

● 另外，思科也十分注重倾听领导力客户的声音，借助各种渠道，推动CEO与领导层、员工的交互沟通。如CEO每年都会与总监以上级别的领导者进行战略回顾，以探讨更加符合组织诉求和发展战略的领导力模型；定期召开由中基层管理者和员工参与的会议，倾听他们对公司业务战略和各层级领导力的想法，以便及时发现问题，实现领导力的跨越式变革发展。

● 最后，公司的董事会也会积极参与领导人才的培养选拔。例如，他们会经常与那些具备优秀领导力的潜在领导者进行交流沟通，以更好地了解他们的情况；也会经常探讨哪些潜在人才可以成为公司关键领导职位的继任者。

◆ **明确企业需要的人才标准**

在不同的发展阶段，企业往往具有不同的变革诉求和业务策略，而只有培养出与之相符的领导力，才能顺利实现组织变革和发展目标。因此，企业在发展培育领导人才时，首先要对组织的变革方向和业务策略具备准确的预见和共识，然后确定与发展诉求相匹配的领导力需求，并以此为标准界定高潜质领导人才。如此，才能保证领导力发展方向的正确性。

另外，大多数最具领导力的企业在识别需要的高潜质人才后，会主动告知这些企业对他们的关注和培养计划，以便增强这些高潜质人才的责任感和使命感，推动他们有意识地提升个人的能力和职业素养。

◆ **重视每一个高潜质人才**

例如，高露洁（Colgate）公司就要求相关管理部门在高潜质人才离职时，必须以最快的速度（24 小时之内）告知 CEO，以便公司高层能够及时了解情况，制定挽留策略。

同时，在翰威特的研究中，那些最具领导力的公司，还会在内部凸显高潜质人才的地位，对他们进行更多的发展投资，如支付更高的薪酬、制定长期激励计划等，以此满足高潜质人才的职业要求，增强这些人才的企业忠诚度。

数字化时代的 USER 领导力模型

如今大部分企业所沿用的管理方式，主要是工业时代的产物。在数字化时代，企业的管理方式需要变化，领导力则更需要与时俱进。

工业时代通过规模化生产获取巨额利润，产能与效率成为衡量企业实力的重要标准，营销推广更多的是借助信息的不对称性赚取利润。相应的，这个时期的领导力是在明确的目标指引下，严格对员工进行控制以及管理。但是数字化时代，企业需要以用户需求为导向，通过快速地完成小而美的产品更新迭代，从而满足用户需求的日益个性化以及多样化。在数字化时代，企业要设计一个清晰明确的目标，几乎很难实现，很多时候需要在宏观方向的指引下，通过与用户不断的交流互动，完善产品以及服务。

在这种情况下，管理者需要对员工赋予更多的权力，让员工充分发挥主观能动性，在员工不断对产品及服务的创造中，提升品牌的溢价能力。而领导力则需要逐渐向激励创新、适度放权、授权等方面演化。

以用户为中心的数字化时代，领导力的特点可以用 USER 模型表示，如图 11-3 所示：

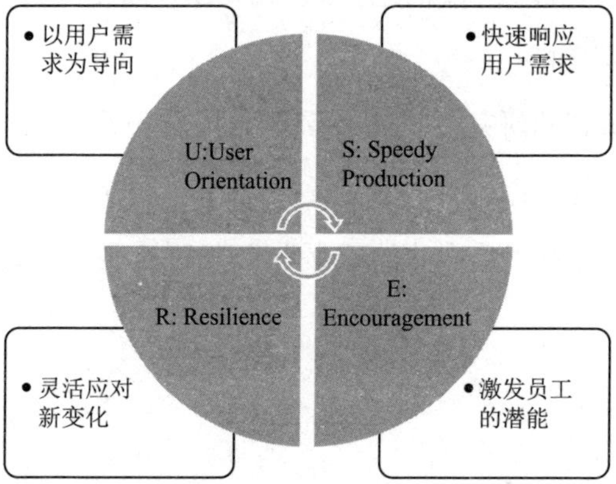

图 11-3　USER 模型的四大内容

◆ **User Orientation：以用户需求为导向**

对优秀的企业管理者而言，最为重要的一点就是要为员工指引正确的方向，而用户的需求就是数字化时代的正确方向。

企业的管理者需要以用户为中心，抓住细节变化，精准掌握用户需求。比如，奇虎360的成功，正是得益于周鸿祎能够为员工指明发展方向，不断收集用户需求；小米产品所搭载的MIUI系统的负责人黎万强，则以用户需求为导向，开创了引领时代的用户开发模式的手机操作系统研究方法。

◆ **Speedy Production：快速响应用户需求**

数字化时代的产品更新周期大幅度缩短，一家企业花费几年时间创造的“完美”产品，可能在极短的时间内就会被后来者所淘汰。因此，企业的管理者需要带领员工，在短时间内创造出满足用户需求的产品，即使你的产品不够完美，但只要能满足用户的大部分需求，也能得到用户的认可。

接下来，企业就可以通过收集用户反馈，不断对产品进行快速更新，从而在改善产品的同时，提升用户黏性。

◆ **Encouragement：激发员工的潜能**

数字化时代倡导自由、平等、开放，企业员工更具个性，他们渴望在一种平等自由的工作氛围中发挥自己的创造力。工业时代所形成的严格控制与管理的模式，不但会使员工心生怨气，还会限制员工创造力的发挥。由此，企业的管理者需要转变思维，从以员工为本，尊重员工个性的角度出发，激活员工的创造力。

◆ **Resilience：灵活应对新变化**

进入数字化时代，快速变化的市场需求需要企业能及时进行调整。管理者需要能灵活地处理企业发展中遇到的新变化，尤其是在面对市场变化时，要既能处理好现在所做的工作，还能带领团队及时转变。

企业管理者尤其需要具备这种能力，如果管理者不具备灵活应对变化的能力，不但无法创造满足用户需求的产品及服务，还会造成企业人才外流。

数字化时代，企业产品更新迭代十分快速，以至于当团队正研发某种产品时，可能会因为新技术的突破或者用户需求的变化，而不得不放弃这一产品，转而去开发新产品。企业的管理者如果无法带领团队应对这种新变化，轻则会造成团队丧失信心、企业利润下滑；重则使团队人才外流，企业发展陷入停滞。

企业培养技术型的研发人才，往往要付出巨大的成本，而团队在进行转型后出现的利润下滑或者人才流失，会使企业蒙受巨大的损失。因此，企业的管理者需要具备灵活的管理能力，带领项目团队攻坚克难，灵活应对随时可能发生的新变化。

数字化时代，无论是互联网企业还是传统企业，都需要在这种商业模式的颠覆性变革及用户需求的不断变化下善于利用 USER 领导力模型，积极拥抱变革，从而在全新的时代带领员工书写新篇章。

第十二章

制度规范：揭秘阿里特色人才管理

制度的前世今生

在很多外部的人看来，阿里员工对组织的热爱、对信仰与梦想的执着是难以想象的，不过这并非利益诱惑或洗脑式培训能够达成的，而是在优良的组织氛围与发展平台中长期积累沉淀的结果。组织氛围与发展平台的构建离不开管理体系尤其是阿里"政委"体系的强力支持。

"政委"体系是阿里人力资源体系的重要组成部分，在该体系中，阿里HR的主要工作是建立完善的管理体系。管理者的选拔会对后续的培养、考核产生重大影响，80%的管理人员通过内部选拔而来，其余的是从外部引进。宁愿牺牲业绩，也不能让错误的人领导组织，是阿里选拔管理者的一项重要原则。

◆ 阿里为什么要建立"政委"制度

2004年，阿里开始建立"政委"制度，高层管理团队之所以会做出这种决定，与以下两种因素存在直接关联：

其一，迅速发展的阿里已经衍生出很多新业务和新项目，然而企业内部的人才储备不足。虽然从外部引进人才是企业经常采取的策略，但由于新成员进入企业后往往需要一段比较长的适应期，所以这一问题并非简单地从外部招聘人才就可以解决。因此，提高现有人才的利用率就显得十分关键。不过，由于很多部门主管虽然精通业务，但并不具备专业的人力资源管理知识与技能，于是为各部门配置一个负责人力资源管理的人才是很有必要的。

事实上，当时阿里面临的问题也是很多企业的通病。为数不少的企业在任命高管时，主要的依据一般是业绩表现，但业绩表现突出的人说明擅长业务，而并不意味着他们也擅长管理。他们往往有强烈的目标意识，致力于实现月度、季度及年度目标，而忽略对员工的管理，建立“政委”制度就为解决这一问题提供了有效方案。

其二，阿里希望实现基业长青，成为横跨三个世纪的企业。然而在企业长期发展过程中，由于政策调整、需求变化等因素，阿里的业务可能出现各种问题。如果企业管理者以牺牲用户及客户利益为代价换取业绩增长，必然损害企业的长期利益，这和阿里倡导的企业文化与价值观也是相背离的。“政委”体系的存在，可以在一定程度上起到对部门主管进行权力制衡的效果，对其行为与决策进行监督。

表面上看，“政委”在各业务部门并非最高领导者，但由于企业在用人与文化建设等方面赋予了“政委”一票否决权，这就保障了阿里各部门能够在困难面前坚守底线，所有组织成员都能够为企业的长期发展而奋斗。

◆ 阿里“政委”体系的四个发展阶段

分析阿里“政委”体系的发展历程，可以将其大致划分为四个阶段，见表 12-1。

表 12-1　阿里巴巴“政委”体系发展的四个阶段

阶　段	成　就
种子期	在此期间，阿里巴巴打造了中国供应商，采用直销模式开展运营，并在此基础上建立了阿里铁军，从而推出阿里“政委”体系，这是一个逐步递进的过程
萌芽期	在 2003 年，阿里巴巴推出淘宝平台，着力开发 C 端市场，并服务于企业的 B2B 及 B2C 运营
发展期	自 2009 年以来，阿里推出天猫平台，继而在金融服务领域、云平台、物流领域进行了业务开发，业务规模持续壮大
生态期	自 2014 年以来，阿里巴巴在大数据领域展开深度布局，开启平台化电商运营，着力打造完善的生态体系，业务范围拓展至金融、体育、音乐等诸多领域，旨在建设相应的生态体系。在这种大趋势下，阿里“政委”体系的发展也逐渐趋向于生态化

在阿里早期的“政委”体系中，1/3 以上的成员来自业务部门的骨干、优秀的经理与主管，这些人被抽调担任政委后，业务部门出现了严重的人才短缺，面临种种困难。不过，就目前的情况看，虽然人才抽调导致业务部门面临一时的困难，但该举措非常有远见，这种远见主要体现在企业的管理者能够预测未来业务开展的复杂性，提前做好了准备。此外，还有 1/3 的成员来自人力资源管理部门，由职能型 HR 转变而来。这两种“政委”属于企业内部调配，都是第一次任“政委”一职，没有任何经验。

考虑到这一点，阿里巴巴从外部聘请了 1/3 的有过 HRBP(人力资源业务合作伙伴)实践经验的人士担任“政委”，这些人大多出自华为、通用等大型企业。一方面，这些人有着丰富的 HRBP 经验，可对内部调配的“政委”进行指导与培训；另一方面，阿里的业务模式与华为、通用等企业的业务模式越来越相似，这些人的入职为阿里带来了很多现成可用的经验。

制度的建设与实践

在阿里的管理架构中，企业的人力资源管理者掌握更多的话语权，“政委”体系对阿里的发展产生了极大的影响，而这也是阿里的特色。

◆ 阿里“政委”的角色定位

在阿里内部，“政委”的定位主要体现在两个方面，见表 12-2。

表 12-2 阿里巴巴“政委”的角色定位

角 色	承担的责任
上得厅堂	对组织体系的运营情况进行检查，找出其中存在的不足，能够承担人力资源管理工作，以专业化方式处理相关问题
下得厨房	实施人性化的人力资源管理，促进员工的职业发展，提升他们的工作能力，勇于指出员工工作中存在的问题，反映真实情况

◆ 阿里“政委”的特征

阿里“政委”具有以下两个方面的特征，见表 12-3。

表 12-3 阿里巴巴“政委”的两大特征

特 征	主要表现
悟性	很多情况下，阿里巴巴的“政委”要靠悟性提升自身的能力，换句话说，阿里没有对政委的工作提出明确的要求，或者以书面形式进行规定，需要“政委”自己进行归纳，这也正是阿里巴巴的特色所在
灵性	很多企业是由高层管理者制定决策，逐层向下传递指令，阿里则不同，“政委”能够进行决策制定，作为整个工作网络体系中的独立节点，发挥自己的主动性及创新能力

◆ 阿里“政委”的工作目标

阿里“政委”的工作目标主要体现在以下四个方面，见表 12-4。

表 12-4　阿里巴巴“政委”的四大工作目标

工作目标	具体任务
懂业务	只有熟悉业务情况，才能与业务经理就相关问题进行沟通，发挥协调作用
提效能	促使其所属部门的员工创造更多的价值
促人才	帮助团队成员提高工作能力，促进人才发展
推文化	促进企业文化及价值理念的传承，发挥企业文化及价值理念的指导作用

◆ 阿里“政委”的作用

阿里“政委”在组织内部主要发挥以下两个方面的作用：

(1)推力：如同给汽车加油

不少初创企业都会树立榜样，发挥优秀员工的模范作用，以带动其他员工的积极性，从而提升团队的整体业绩能力。如果模范员工从企业流失，则会给企业的整体发展带来不利影响。因此，企业应该积极实施创新，总结优秀员工、团队的经验，促使其他员工及团队进行学习，并在其中发挥人力资源管理者的推动作用，提高全体人员的工作能力。

(2)拉力：如同进行刹车操作

如果业务部门对关键绩效比较重视，团队只有达到绩效目标，才能持续发展。但如果只局限于关键绩效，会导致业务部门在考虑问题时只局限于自身角度，为了提高业绩而不择手段，甚至与企业的价值观相悖。如果出现这种情况，人力资源管理者要及时止损。

◆ 阿里“政委”的六个画像

“政委”体系在阿里中的角色可以大致归结为六点，如图 12-1 所示：

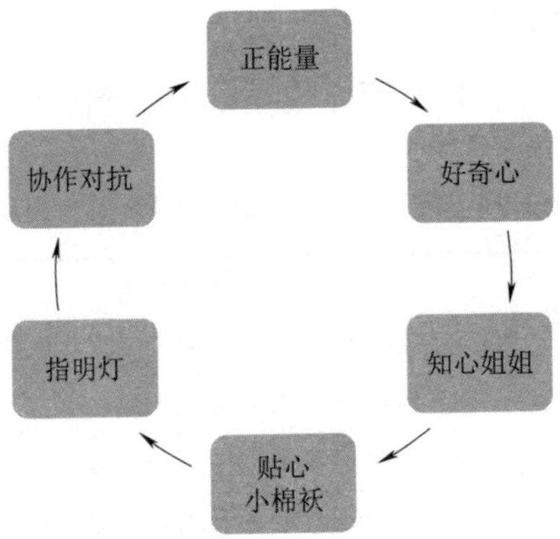

图 12-1　阿里巴巴“政委”的六大角色

(1)正能量和好奇心

阿里巴巴的“政委”本身要具备正能量，通过传播正能量引导团队的整体发展。事实上，大部分的阿里人，都对自己的工作充满了激情，时刻都能全身心投入其中，似乎永远不会倦怠，阿里“政委”也是如此。另外，通过保持好奇心，阿里人能够紧跟时代发展的步伐。

在阿里，只有具备足够工作经验的人，才能够成为“政委”，即便如此，这些阿里的资深成员也不会倚老卖老，而是以谦和的态度与年轻的新人一起学习。作为阿里生态体系中的一员，“政委”能够得到生态平台的支持而不断发展。与此同时，在好奇心的驱使下，阿里“政委”能够不断汲取新知识，相比之下，一些企业的人力资源管理者的思维都趋于僵化，无法创新。

(2)“知心姐姐”和“贴心小棉袄”

企业中总会存在一小部分员工，因为适应能力较差或其他原因，得不到群体的重视。对于这类员工，阿里“政委”会实施人性化的管理，给予适度的关照，以在企业内部形成良好的氛围。为了实现这一点，“政委”要对员工的情况进行全方位的了解，包括他们的家庭生活、工作状态等，以提供针对性的支持，帮助员工解决困难，从员工的角度出发考虑问题，扮演“知心姐姐”

和“贴心小棉袄”的角色。

(3)“指明灯”和“协作对抗”

在员工感到困惑或迷茫时对其进行引导，让员工确信自己选择的方向是正确的。对于不同的员工，要采取不同的管理方式。另外，要配合员工开展一些工作，且这种协作不只是停留在表面，而是应该认真投入其中，积极完成任务并承担责任。但很多情况下，人力资源管理者都做不到这一点，无法为员工提供必要的支持。

◆ 阿里“政委”和业务经理的关系

阿里“政委”和业务经理的关系主要体现在以下两个方面，见表12-5。

表12-5　阿里“政委”和业务经理的关系

关　系	具体表现
监督与制衡	“政委”享有一票否决权，能够对企业的人才任用、文化建设产生很大的影响。“政委”能够从思想层面给业务经理提供服务，与此同时，也会监督业务经理的行为，促使其做出合理的决策
作用力与反作用力	业务经理聚焦于实现短期绩效目标，“政委”能够从长远发展角度看待问题，注重骨干人才的培养与企业的文化延续，双方之间相互影响，相互作用

四项工作职责

阿里的“政委”体系会为各个业务区域派遣专员，负责进行该业务区域的人力资源管理与价值观管理。“政委”与业务经理相互配合，进行团队的管理、人才的培养。在结构体系上，阿里巴巴的CPO（Chief People Officer，首席人才官）位于最高层，总“政委”在CPO之下，与事业部总经理相互配合的大政委在下一级，较低层级的小“政委”与区域经理共同开展工作，如图12-2所示：

图12-2　阿里“政委”架构图

阿里巴巴的政委体系具有四个明显的特点。

◆ **成员来源特殊**

企业要想获得持续性、稳定的发展，就要注重内部的文化建设、人才选择及任用、职位安排等。在阿里，各个业务部门的核心成员在“政委”体系中的占比超过1/3，这些人员以业务部门的主管、经理为主，这样的任用安排主要有两个优势：

（1）贴近业务

大多数企业的人力资源部门与业务部门之间是相互独立的，而阿里巴巴的“政委”体系以及当前的BP模式旨在打破部门之间的界限，将人力资源服务经理派遣到业务线，在熟悉企业业务运营情况的基础上，提高其管理能力及服务水平。

（2）端对端的交付

以往，企业采用职能分工的方式实施人力资源管理，将业务发展过程中产生的需求反映给人力资源部门，由相关负责人提供服务，但在这种模式下，经常出现人力资源管理者提供的服务不符合业务发展需求的情况。阿里的“政委”制度则能够实现端与端之间的交付，有效地解决这个问题。

◆ **参与业务会议是硬性要求**

依托阿里巴巴独具特色的企业文化，“政委”体系的成员能够熟悉不同类型的业务情况。根据企业规定，“政委”必须出席业务会议。

参与业务会议的过程中，“政委”成员通常会发表讲话，提出一些专业性较强、能够引人深思的问题，在会上产生重要影响。通常情况下，企业的业务人员只从自己负责的业务角度出发考虑问题，“政委”则能够跳出单个业务的限制，从更加全面的角度看待企业的发展，对业务人员进行启发。

◆ **工作善交流、重人心**

在阿里巴巴，人力资源管理者经常会进行员工访谈，这部分时间占到其总体工作时间的一半以上。但在多数传统企业中，人力资源管理者只有在企业提出强制要求、出现问题或发生特殊情况时才会与员工进行沟通。

阿里巴巴的人力资源管理者随时都会与员工进行互动，在沟通过程中了解员工的相关信息，如员工的业务进展、与其他团队成员的相处情况；在必要的情况下，也会对员工的家庭情况等进行了解，比如，员工当前是否存在购房需求，其子女的求学情况，工作是否顺利、是否存在阻力，能否通过自己的努力解决等。“政委”这样做旨在从各个方面了解员工的相关情况，以根据实际情况为员工提供必要的帮助，解决他们存在的问题。

在阿里巴巴，“大政委”会对“小政委”的工作提出具体的要求，比如，在“小政委”与员工进行沟通之后，他要了解所有同事的工作情况、心理状态，做到与同事之间相互熟悉，加深彼此之间的默契程度。

从另外一个角度来分析，企业的人力资源管理人员需要按照既定的制度与流程实施组织管理，但阿里巴巴认为，人力资源管理者应该发挥自己的价值，对内部人员产生影响，让他们在工作中实现个人价值，在此基础上推动企业的发展。在企业应对危机期间，人力资源管理者更要从心理层面对员工进行管理，让员工看到希望，从而使企业整体走出困境。

◆ **决策方式自下而上**

作为一家互联网企业，阿里也具有互联网企业的典型特征。在很多情况下，企业的决策权并非由高层管理者全权掌控。阿里巴巴建立了完善的工作网络体系，各个部门或者项目参与方构成网络中的不同节点，负责制定工作中的相关决策。如此一来，阿里的业务团队就能够充分发挥其自主性，在“政委”的配合下开展业务。

虽然阿里巴巴为建设 HR 三支柱投入了大量资源，但这并不能保障 HR 三支柱是尽善尽美的，它也存在一定的问题，最为典型的就是 HR 人员和业务管理者之间的平衡问题。

在阿里巴巴 HR 三支柱模式中，以“政委”为代表的 HRBP 的影响力相对较高，虽然“政委”和业务管理者是相互配合的，但“政委”有足够的决策权，COE（Center of Excellence，专家中心）需要积极配合“政委”的决策，这使 COE 的作用受到一定程度的抑制。与此同时，自下而上的决策方式，可能让决策缺乏长期性、整体性思考。

作为一家平台型企业，阿里已经构建了一个涵盖零售、健康、文娱、物流、金融等诸多业态的生态系统，而且投资了很多公司，这决定了阿里的企业文化必然具有较高的开放性、包容性，而生态系统中的子公司、关联公司等又会形成自己的特色文化，从而给 HR 管理带来较高的挑战。长期来看，将“政委”体系成功推广到所有的子公司、关联公司是相当困难的，未来还需要阿里积极开拓创新，设计更为多元化、更具时代感的 HR 管理体系。

选拔与考核办法

阿里没有一些大型企业普遍存在的各种条条框框，这决定了“政委”要承担重要使命，必须选择优秀的人担任“政委”。阿里要求“政委”成员必须满足以下三个条件：

- 有 5 年以上的工作经验；
- 精通 HR 各模块；
- 有丰富的管理经验。

业务主管制定关键决策时，必须与“政委”沟通，听取“政委”的反馈意见，如果“政委”不同意，决策是很难落地的。曾经担任过“政委”也是阿里 HR 人员晋升的前提，阿里的“政委”体系思想在 HR 管理的每一个环节都能得到具体体现。阿里希望组织成员在完成业绩目标的同时，还要在企业文化与价值观的引导下做人做事，重视并尊重员工，引导员工加强自律，自我反省、自我规范。

◆ 阿里“政委”应该怎么做

(1)“政委”必须心智成熟，懂得管理

阿里“政委”也分级别(级别体系为 P6)，从区域角度上，最基层是小“政委”，对接一线业务经理，分布在城市区域，小城市共享一个“政委”，上一级是大“政委”；从事业部角度上，级别最低的“政委”是部门“政委”，小部门共用一个“政委”，总监配备一个大“政委”，所有“政委”都要从最基本的 HR 人员做起，逐步升级。

HR 人员在不断升级的过程中，会积累越来越多的工作经验，心智也会愈发成熟，这并不是鼓励“政委”长袖善舞，而是要求“政委”不断提高自身的情商，善用各种管理方法，在处理组织内外部各种纵横交织的复杂要素关系时，可以达成一个更为和谐的结果。

(2)“政委”通过大量沟通，参与业绩评价

阿里“政委”在日常工作中，要拿出足够的时间参与业绩考核，了解业务主管是如何管理团队并指导员工工作的，如何解决个人与团队的问题，哪些方面需要进一步改善，哪些方面值得发扬。当然，“政委”为此要进行大量的沟通，尤其是和基层员工之间的沟通，在沟通过程中，可以让“政委”更为深入地了解实际情况，从而提高人力资源利用效率，对企业文化与价值观进行不断优化完善。

◆ 什么样的人能成为“政委”

想要成为阿里“政委”，必须对以下两个问题给出正确的答案：

(1)你的梦想是什么

梦想是推动个体不断发展进步的重要驱动力，在合作共赢成为主旋律的背景下，个体追求梦想与组织实现愿景和目标并非矛盾的，将个人梦想融入组织愿景和目标之中，可以充分激发组织成员潜能，让他们在实现自我价值的同时，为企业作出贡献。

因此，和组织有共同的信仰是“政委”考核的重要指标，这也反映在阿里的选拔培训中，员工需要回答“阿里为什么而存在”“阿里的存在是要为组织及社会创造何种价值”“阿里人应该相信什么，不相信什么”等。

(2)你认为自己是主人还是职业经理人

职业经理人是很难对企业产生较高忠实度的，他们可能为了个人利益而牺牲组织利益，所以，阿里希望“政委”能够将自己视作企业的主人，发挥主人翁精神，推动企业不断发展，将企业的事看成自己的事。

◆ 阿里“政委”是员工的守护者

阿里“政委”必须做好两件事：

(1)为员工创造公平、公正的优良发展平台，让员工充分发挥自身的潜能，敢于尝试。移动互联网时代唯一不变的就是变化，机遇稍纵即逝，互联网企业需要在不断试错中发展，而员工身处一线战场，更容易找到贴合用户需求的创意与想法，所以，阿里“政委”要为员工创造发展平台，鼓励员工不断尝试。

(2)不断提高自身的领导力，以强大的人格魅力吸引员工追随自己，而不是以“政委”拥有的权力让员工害怕、奉承，这样才能让“政委”和员工建立信任关系，使“政委”在开展工作时可以取得事半功倍的良好效果。

◆ 阿里“政委”的能力模型

阿里“政委”必须具有以下三大能力，见表 12-6。

表 12-6　阿里“政委”必须具备的三大能力

能　　力	具体内容
判断力	人力资源管理者要拥有敏锐的洞察力，能够及时发现团队存在的不足，感知企业内部的整体氛围，提前预测组织未来的发展趋势及可能出现的问题，并针对问题制定有效的解决方案
运营力	在企业运营及发展过程中，人力资源管理者应该促进组织计划的实施，积极推动业务的开展
专业力	作为企业的人力资源管理者，阿里“政委”要承担人才引进、招聘及员工关系的管理工作，有些阿里“政委”还要负责会议管理及员工发展。相较于其他企业的人力资源管理人员，阿里“政委”要具备更多的专业能力

◆ 阿里巴巴管理者如何考核

阿里对不同群体采用差异化的考核策略，业绩和价值观考核各占

50%。“政委”作为管理层，价值观考核要比普通员工更为严格，在“六脉神剑”（客户第一、团队合作、拥抱变化、诚信、激情、敬业）的基础上增加了眼光、胸怀和超越伯乐，也就是“九阳真经”。

总体来看，阿里“政委”团队建设有三个关键点，见表12-7。

表12-7　阿里“政委”团队的三大关键点

关键点	具体内容
比例恰当	从企业内部选拔一定比例的人才，从企业外部聘请一定比例的拥有HRBP经验的人才，既保证团队的稳定性，又保证团队可以稳步前进
志同道合	选择担任“政委”之人必须拥有梦想，富有激情，在企业内以主人自居，将企业的事情看成自己的事情，对企业有极强的归属感
注重软能力	选择担任“政委”之人必须心智成熟，拥有极强的沟通能力

第五部分

数字化产品创新

第十三章

设计创新:人性化产品设计的方法

设计思维:彰显对人性的关怀

随着社会生活水平的不断提高、科学技术的不断进步,消费者在选择商品时会从更多的维度进行综合考量,其中涉及的一个关键问题就是产品的人性化设计。作为"人",消费者所使用的产品都应该建立在人机工程的基础之上。而人机工程学在发展过程中,已经经历了以"物"和"人"为中心的两个阶段,目前进入"追求人与物和谐"的新阶段,人们如今所要求的产品设计人性化就是这一和谐关系的体现。

当前,世界经济正处于高度发展的阶段,生活所需的物质得到了极大的丰富,在这样的背景之下,人们的消费需求变得更加多样化,开始追求更高层次的文化与精神的享受。也就是说,消费者对于产品的要求已经不再满足于可用与好用的阶段,而是提高到一个新阶段,即要求产品具备一定的文化与情感内涵。虽说产品设计并不能完全满足人类的高级心理需求,但是其具备满足这一需求的能力是毋庸置疑的。

因为生产技术与产品功能的均质化趋势,市场上的产品日益呈现同质化现象,如此一来,企业之间的竞争就变得愈加激烈。而产品设计的人性化能够不断地丰富产品的种类与款式，提高企业的市场竞争力，消费者也能够在丰富的产品种类中寻到符合自己需求的产品。

如上文所说，人性化设计的产品在具备完善使用功能的基础上，还蕴藏丰富的文化内涵与情感内涵，能够满足消费者日益增长的多样化消费需求。此类产品在操作使用上，能够体现其与消费者之间更加友好的关系，且能够为消费者带来精神愉悦与享受。这就对设计师提出了更高的要求，他们不仅要对消费者进行有针对性的研究，还要进一步研究产品的使用情景与状态。此外，产品与消费者之间的非物质性关联因素也不能忽略。总之，就是要求设计师必须对产品进行全方位的设计，无论是物质层面还是精神层面，都需要顾及。

设计思维的一个重要因素，是对人类自身的关怀。举例而言，目前人们的环保意识越来越强，设计师也应该将这一意识融入自己的设计理念之中，争取以最小的资源代价谋求最大的使用价值。设计师在设计产品时，秉承绿色环保的理念，是为我们所生活的环境负责，为人类的生存与未来负责。

除此之外，设计师也应该加强与消费者的沟通，这样才能在保证产品基本功能的基础上，深度挖掘能够满足不同消费群体心理与精神需求的内容，使得消费者与产品之间的关系更加和谐。在高节奏的社会生活中，现代人面临着生活、工作等种种压力，所以更加看重精神方面的需求。人性化设计恰恰能够在满足实用功能之外，将现代人的思想、追求、愿望等体现出来，为人类带来一定程度的慰藉。

除了产品的设计过程，人性化还表现在为产品命名上，有时候一个恰到好处的名字绝对可以起到画龙点睛的作用。一个恰如其分的名字有时候能够为消费者带来无穷无尽的想象，甚至还能够起到深化主题、升华思想的作用。

意大利的设计师就深谙此道。在很多人眼中，家具仅仅就是一个物件，是用来休息或放置物品的。而在意大利的设计师眼中，家具其实是一个“避难所”，能够帮助人们平复失落的情绪，为人们提供舒适放松的氛围，所以意大利设计师的设计理念是：为一个没有时间做梦的世界提供梦想。

年轻的设计新星马西姆·约萨·吉尼就是其中的一个，他将自己的作品扶手椅命名为“妈妈椅”，这样的名字听上去仿佛蕴含了许多柔情，为这一单纯的扶手椅赋予了特别的意义。拥有了这样一个充满亲情的名字，使得扶手椅这种极为普通的家具有了独特的含义，让使用者在使用时不再只是坐下休息，还可以感受一种温暖、享受一种保护。正是由于这别具一格的设计理念，使得他设计的产品仿佛拥有了生命。

当前，在满足消费者日益多样化、个性化消费需求的同时，也有些产品会掉入过度设计的陷阱，甚至毫无节制。此时，设计师们就应该意识到适度的重要性，秉持恰到好处、过犹不及的理念进行产品设计，并寻求消费者的认同。

功能规划：精准对接用户需求

所谓产品功能规划，即预测产品的发展，并在发展的过程中协调各种不同的功能，使产品能够健康有序地不断发展。一般来说，这一过程需要对社会需求、科技、价格、使用情况等各种因素进行综合性的考虑。

如今市面上较为流行功能性服装，设计师在男士的商务服饰上增添了许多口袋，比如，Trek & Travel 的品牌就有一款产品，从里到外大大小小的口袋足有十个之多，而且每个口袋都有专门的用途，有的专门放信用卡、有的专门放手机、有的专门放登机牌……而且，这些口袋都可以脱卸。其实，从实际使用的角度来说，这些口袋并不是全都有用，而这就需要在功能上进行规划与筛选了。

设计师在设计产品时要通过细分确定使用对象，然后将使用对象的典型特征与需求提炼出来，并将之视为确定功能需求的参考依据。在科技手段日益提高的今天，越来越多的多功能产品投入生产，但是这些功能并不是全都有用的，这就需要把握一种平衡，将功能控制在用户可以承受的易用性范围之内，并将最低限视为一个标准用来衡量功能的丰富程度。

满足用户对产品功能的需求，一直以来都是一些产品设计师的重心所在，所以他们在市场需求这一问题上具备足够的适应能力与弹性。

20 世纪八九十年代，一款名为 walkman 的音乐播放器风靡世界，并由此产生了一种 walkman 文化。这一电子产品是索尼公司的创始人盛田昭夫在打网球时灵机一动的产物，由于运用了公司先进的电子技术，设计的产品外观虽小但既能收音又能放磁带，用户在使用时还可以将之放在口袋内或者别在腰带上。

这一产品的问世，带来了诸多功能上的变化，而功能从本质上来说是为用户服务的。如果功能的增加使得用户使用更加方便，说明增加的功能是必需的；反之，则说明功能是多余的，这其实就是功能规划人性化的佐证。

造型语义：赋予产品精神符号

造型语义是产品人性化设计中的一个极为重要的方法，是通过造型传达某种意境，从而吸引消费者的眼球，并引发其情感与同理心理。一般来说，好的产品造型能够第一时间吸引消费者并给其留下印象，所以造型要素是设计产品时备受关注的一个方面。

此外，功能也好、使用方式也罢，最终都需要通过造型明确与实现。其实，人性化设计对人类来说，是高于生存的一种追求。在数字化已成主流的当下，产品设计在细致考虑消费者的操作方式与使用行为的基础上，通过造型语义为产品赋予一种新的生命力，使得产品脱离了身外之物的定义，成为人的某一部分。

产品语义学，是产品符号学的一个细分领域，于 1983 年由克里彭多夫和朗诺何夫妇提出，之后由美国工业设计协会 IDSA 明确提出并给予定义，即研究人造物的形态在使用情境中的象征特性。此后这一概念被运用于设计中。1984 年，克里彭多夫在这一基础上对产品语义学做了进一步的定义，他认为这一学科是针对既有事物所做出的新的觉醒，产品在拥有基本的物理技能之外，还应该将如何操作使用通过某种方式暗示或揭示给消费者，与此同时也应该具有象征意义，能够将人们带入某种象征环境之中。

克里彭多夫将消费者对产品的理解具体分为四个阶段，见表 13-1。

表 13-1　消费者理解产品的四个阶段

阶　　段	具体表现
产品辨明阶段	消费者在区分产品的类型时主要是根据视觉线索
自我验证阶段	消费者会对产品进行实际操作，然后根据运行的不同状况进行判断
发现新形式阶段	消费者会在不断地使用过程中逐渐熟悉产品的工作原理，在此基础上可能发现新的使用方式
解读符号的语境阶段	消费者会以自身所具备的各种知识、常识以及社会特征与美学价值等为依据，对产品进行内涵解读

要将语义学融入产品设计之中并不容易，这需要设计师自身具备深厚的文化底蕴，且对产品特性有着较为深入的研究。现代设计教育学院包豪斯的著名设计师郝伯特·拜耶认为，视觉设计能够让人类与世界更容易被理解。

娴熟地运用造型语义，使功能与形式实现高度统一的产品设计才可以称得上是优秀的工业设计，而优秀的工业设计一方面能将产品的使用特性准确地传达出来，另一方面能将设计师对消费者的人文关怀体现出来。

悉尼奥运会火炬的设计，其设计理念来自悉尼歌剧院的建筑形态、太平洋的海水以及飞去来器的弧线，能够在恶劣天气情况下保持燃烧状态，它还设置了自动熄灭功能，使火炬的功能与形式达到了完美的统一。

材料选择：创造极致产品体验

材质的选择从根本上决定生产制造出的产品品质，毕竟低劣的材料是无法呈现完美、精致的效果的。且不说同样的设计，就算是较为简单、平凡的设计，使用品质较高的材料制作，效果也会非同一般的。

材料其实是会“说话”的，其肌理、质感、特性等能够告诉消费者它会为他们带来何种体验，且还能够与他们产生情感共鸣。比如，材料能够从触觉上为消费者带来舒适的感觉，而生理上的舒适其实包含了多种特性，如透气性、保暖性等。一直以来，选择何种材料制作产品并未受到设计师关注，但不可否认这确实是人性化设计的一个极为重要的组成部分。

在这一方面，企业可以从五个维度进行材料选择，如图 13-1 所示：

图 13-1　材料选择的五个维度

调温服装就是兼顾了安全与适应环境两个方面的选择。那些常常进行跨纬度迁徙的人都会面临这样的问题，因为温差的缘故，起点与终点之间可能差着一个季节，所以在衣服携带上就需要参考两地的温度，如此一来就会不可避免地增加负担。

而调温服装的出现就将处于这种窘境的人们解救出来了，它能够随着气温的变化自动地调节衣服的温度。无论是从寒带去热带，还是从热带去寒带，调温服装都能够进行相应的调整，从而保护穿着者的身体不会被骤变的气温所伤害。

色彩运用：拉近与消费者的距离

无论是从美学还是心理角度，色彩的运用都具备非常重要的功能。梵·高曾说过，“没有不好的颜色，只有不好的搭配。”实际上，如果运用得当，色彩能够将人们的情感体验或内心感受呈现出来，在产品设计上也是如此。对消费者来说，最能够直接反映自己感受的就是色彩，而不同的色彩也能够彰显不同的物理性质，比如，冷暖、远近等。

色彩其实能够给人一定的心理暗示，比如，居住房间的装修与装饰是以黑色为主色调，如果再搭配其他的冷色调，肯定不会给人带来任何温暖、温馨的感觉，长期处于这样的环境，个体可能就会产生冷漠乃至恐惧的感觉。

在机械化大生产的背景下，多数产品都呈现冷静、理性的特性，所以在颜色使用上多是中性色，若是在此基础上增添一些适当的色彩装饰，不仅能使产品更具趣味性，还能够彰显设计的人性化。事实上，不同的消费人群有不同的主色系，比如，老年人多会选择沉稳的色彩；年轻人则对那些对比度较大的色彩搭配感兴趣；小朋友适合高饱和度的颜色；运动员对刺激性颜色情有独钟；身体较为虚弱的人则偏好暖色系。

苹果公司生产的产品一向受时尚人士最爱，其 iMac 电脑抛弃了传统的灰黑色，使用透明的水果色，用活泼生动的感性形象替代了冷漠的理性形象，极大地拉近了产品与消费者之间的距离。

操作界面：人性化的交互设计

试想一下，在坐电梯时按了按钮却发现灯没有亮，我们的心情会是如何？灯不亮的原因有多种，可能只是指示灯坏了并不影响电梯使用，但我们可能就会忐忑或是沮丧，怀疑电梯是不是坏了。这一生活中常见的例子说明作为传达信息与相互沟通载体的操作界面的重要性。

所谓界面，指的是物体之间的接触面。而在产品设计领域，界面的含义却有了不同的衍生，指的是人与物之间进行相互沟通的一个连接。严格来说，操作界面可以从属于功能规划板块，但是因其重要性所以单列了出来。

随着科技手段的不断发展提高，人类生产出的产品越来越先进，于是就出现了这样一个问题，即怎样使用这些高科技产品，而这其实就是操作界面如何使用的问题。有些产品按键太多，消费者根本不知道该如何选择，用来用去都只是最基本的那些功能，而产品所附带的其他功能因为不会操作而被搁置了，这都是操作界面在设计时没有体现人性化的缘故。

佳能的傻瓜相机为何能够得到世界各地消费者的喜爱？原因就在于其操作界面非常人性化，无论什么人都能够一键拍照，它去除了繁杂专业的对焦、手动相机光圈、快门、曝光等环节，真正实现了单键作业。

在设计界面时，设计师不仅要注重功能规划，还要在识别、使用上进行简化，使之更易操作。换句话说，就是秉持着方便、容易的原则对产品与消费者之间的关系进行全面思考，使得产品更具人性化。

第十四章

开发创新：提升产品的市场竞争力

产品开发的三种创新战略

企业开展营销活动无非是为了提高产品销量或品牌影响力，优秀的营销方案能够让企业的产品及品牌形成较高的辨识度，对目标群体的消费决策产生十分积极的影响。但在用户需求主导的新消费时代，营销方案只不过是一种外力手段，如果不能为用户提供满足其需求的产品，再完美的营销方案，也无法达成预期目标。所以，产品的开发及创新就显得尤为关键。

产品开发和创新是企业赖以生存的重要基础，是企业能够长期保持市场竞争力的有效手段。能够打造一个被目标群体广泛认可的产品，是多种战略决策综合作用的结果。比如，对目标群体进行定位、整合优质资源、搭建跨部门开发团队、搜集用户反馈等，都会对产品开发与创新的结果产生影响。

当企业陷入发展困境，如市场供给远大于需求，或竞争对手掀起惨烈的价格战时，产品开发和创新往往是最为简单也是最为有效的破局方式之一。在激烈而残酷的市场竞争中，企业需要通过不断进行产品开发与创新，从而使自身保持旺盛的活力与生命力。

近几年，企业界兴起的产品开发与创新工程就是强调协调技术、管理及创新等要素之间的关系，将其融入一个完善的产品开发与创新体系之中，甚至内化为企业文化。

商品本身仅是产品的一部分，创意、服务、信息等也属于产品范畴，当然市场中也包括虚拟的产品，但不管形式如何，优秀的产品最为关键的一点是要能够迎合用户需求，并为用户创造价值。在市面上的产品中，大部分所谓的新产品实际上是对原有产品的更新迭代，真正具有创新性的产品仅占较小的比例。

在企业数字化转型的过程中，产品开发要遵循以下三大战略，如图 14-1 所示：

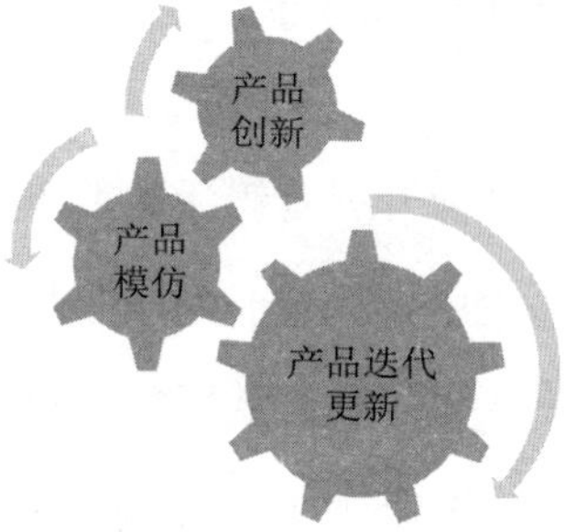

图 14-1　产品开发的三大战略

◆ 产品迭代更新

随着用户需求不断升级，现有产品可能已经无法满足用户需求，而且用户长时间使用同样的产品会产生疲劳感，从而导致企业在市场竞争中处于劣势。更为关键的是，市场中的竞争对手可能会推出同质化或者更为先进的产品，此时，如果企业不对产品进行更新迭代，很容易被后来者取代。

事实上，对于那些已经有稳定用户基础的产品来说，企业往往只需要对产品某些细节做出调整就能留住用户。

◆ 产品模仿

当市场中出现创新性的产品时，企业可以根据这种创新产品提供的思路与方向，进行相关领域的研发，从而开发出类似的产品。

这种模仿和直接抄袭有着本质上的区别，就像我国科学家研制核武器一般，当了解到美国研发出核武器并应用于战争后，在美国没有提供任何帮助的情况下，我国科学家经过长时间的探索与研究，最终成功研发出原子弹和氢弹。

◆ **产品创新**

产品创新是将新的理念、技术、功能、生产工艺等应用于新产品中，它能够给用户带来更为优质的体验。与此同时，具有创新性的产品丰富了企业的产品体系，能够为企业吸引新的用户，从而带来新的利润增长点。

新产品的开发应该有完善的开发战略提供支持，遵循一定的流程与标准，这样可以加快研发效率，降低开发风险，否则很容易给企业造成严重的资源浪费。

产品开发的实战流程

企业在实施产品开发与创新前，首先需要对产品进行精准定位，也就是明确产品要为用户创造何种价值。所以，产品的生产过程、制作工艺、增值服务等都能够成为卖点，帮助企业更好地打开市场。产品开发不能仅简单地从技术角度入手，而是要从一个管理过程的角度思考，这将有助于企业将资源与精力集中在实现产品开发与创新目标的过程之中。

◆ **产品开发流程**

一个完整的产品开发流程应该包括以下几个步骤，见表 14-1。

表 14-1　产品开发的六大流程

开发流程	具体内容
开发创意	开发创意是进行产品开发的基础。创意的产生没有固定的方法，开发人员的灵光一现、用户提供的反馈建议、竞争对手的竞争手段、市场发展潮流预测等，都有可能成为开发创意的手段。这就要求开发人员对外界信息保持较高的关注，不仅要掌握本行业的信息，也要了解周边行业甚至更多行业的信息
创意评估	找到开发创意后，为了降低开发风险，还要对创意进行评估。比较理想的状态是，开发团队各成员同时提供多个创意，然后集体进行讨论，根据开发成本、开发风险、与企业战略目标的契合度、市场需求等因素综合进行评估
概念开发	产品概念是指通过有意义的顾客术语对产品构思进行详细描述，概念开发的过程也是对新产品创意进行提炼发展的过程。在该过程中，需要从原创技术和营销推广的角度进行分析，企业是否具有开发这种产品所需要的技术、资源，这种产品是否迎合市场发展潮流，竞争对手是否有开发这种产品的战略规划等，这些都是概念开发阶段需要思考的问题
商业价值评估	即评估该产品的开发成本、投资收益、回报周期等。有相当多的产品需要较长的研发周期（比如，药品、军工产品），而且开发完成后还存在一定的市场培育期，开发周期越长，也就意味着企业承担的风险越高，因此，资金相对缺乏的中小企业对此要尤为慎重
产品开发	进入产品开发阶段后，技术开发与经营性开发成为两大主线，对产品的材料、样式、功能、生产工艺、运输方式、配套服务等都需要进行明确。开发出产品原型后，还需要经过充分的市场调研不断优化完善
产品投放	为了确保投放效果，需要在营销推广、售后服务等方面提供支持，为了避免造成严重库存积压，可以采用小规模、多频率的投放方式。与此同时，企业还需要对用户意见进行搜集并分析，实时关注竞争对手的应对策略，必要时可以对产品做进一步调整

◆ 管理革新

很多人会将革新简单地局限在科学发展与技术突破层面，但事实上，革新包括的范围相当广泛，技术、产品、理念、流程、模式、组织结构、管理手段等诸多领域都会涉及革新。成功实施革新，需要在有完善创新方案的基础上，提供执行方案所需要的技术、设备、资金等资源。

企业不能为了追求业绩稳定而因循守旧，在市场竞争愈发惨烈的数字化时代，不能进行持续创新的企业将会被市场淘汰。创新给企业带来的变化并不局限于某种具体的事件，而是多种行动和方案的综合结果。高层管理者需要对革新进行综合性、系统性的管理，并在组织架构、企业文化等方面为企业革新奠定基础，引导员工树立终身学习的理念与习惯，将生活与工作中的灵感和创意等转化为产品。

产品开发和创新都是战略性活动，在跨界融合成为常态的背景下，企业不仅要面对同行业的竞争对手，还要应对各种跨界而来的颠覆者，必须不断对自身的产品及服务进行创新，才能长期保持较强的市场竞争力。在核心产品、实物产品、延伸产品这三大产品层次中，能够给用户带来优质体验，并具有较高溢价能力的延伸产品，尤其需要企业管理者给予高度重视。

对企业发展而言，创新是一个管理过程，最终的目标是创造出新的技术、工艺、功能、模式等。创新活动的顺利开展需要有创新性的企业文化提供支持，促进组织成员的交流沟通、资源共享，并为优秀的创意项目提供物质或精神奖励，这样才能最大限度地激发组织的活力与创造力，灵活应对日益复杂的市场竞争。

新产品开发的项目管理

企业的核心竞争力，集中体现在对新产品的开发上。在具体实施过程中，企业要对新产品开发的全过程进行全面的管理与控制，在保证产品质量经得起市场检验的同时，实现对产品成本的有效控制。如此一来，企业的新产品才能在市场竞争中掌握更多的主动权，确保产品价格能够被消费者接受，从而促进产品的销售，给企业带来利润。不过，在进行市场运作的过程中，企业要想提高销量，不仅要保证新产品的质量过关，还要实施科学、高效的营销策略，为产品在市场上的推广提供助力。

在新产品开发的准备阶段，企业要着手开展市场调研，这是新产品开发和营销的首要任务，目的有两个：一是确立产品开发的市场定位；二是了解新产品目标客户的相关信息，把握消费群体的需求特征、消费习惯等。在进行深入市场调研的基础上，企业能够科学制定新产品的开发规模，并在运行过程中进行调整，完善前期提出的新产品开发设想，优化产品构想与产品功能特性之间的关系，根据消费者的需求进行产品调整，保证推向市场的新产品能够得到消费者的认可。

所谓项目管理，即企业的临时性组织在某段时间内按照既有的计划实施管理与控制，对现有资源进行整合利用与优化配置，采用系统管理方法以达到一定目的。在新产品开发过程中，企业要对新技术进行应用，从这个角度来说，新产品开发的变革性及其复杂程度，主要取决于新技术的变革性及复杂程度。

◆ 时间管理

企业在进行新产品开发过程中，可以采用工作分解结构法将开发过程拆分为相互关联的工作部分，从而降低管理难度，提高管理精度。在这种模式下，新产品开发团队能够提高自身的项目管理能力，明确不同项目工作之间存在的交集，从宏观角度对整个项目进行把握，具体操作见表 14-2。

表 14-2　工作分解结构法拆解项目的三大步骤

序　号	工作内容
1	对新产品开发目标进行分析，对项目工作进行层层拆分，保证各个项目工作能够被真正执行
2	通过实施拆分处理，使得新产品开发的各个项目及流程都更加具体，各个运作流程所需的时间也更加清晰，不同环节之间相互独立，便于项目开发团队进行时间管理
3	为保证产品质量、控制开发成本、完成开发计划等做好铺垫，并在后期追踪开发进度，实施精细化管理

◆ **质量管理**

在对新产品开发实施成本管理时，企业应该遵循 PDCA 循环原则，制定科学、合理的质量计划，并进行计划实施，在后期运营及发展过程中逐渐提高产品质量，体现新产品开发团队的质量管理能力。

PDCA 循环是全面质量管理的思想基础和方法依据，它将质量管理分为四个阶段，见表 14-3。

表 14-3　PDCA 循环法用于质量管理的四个阶段

环　节	具体内容
Plan（计划）	制定质量管理的相关决策，并对具体管理活动进行规划
Do（执行）	参考既往已有的信息、数据，将制定好的计划付诸实践
Check（检查）	在实施计划的过程中，对执行效果进行检验与分析，对有效计划和无效计划加以区分

续表

环　　节	具体内容
Action(处理)	承接上一个环节的检查结果，在确定哪些计划有效、哪些计划无效之后，要继续实施有效计划，并进行标准化处理，拓宽应用范围；对于无效计划则需总结失败教训，并暂停该类计划的实施

企业只有遵循PDCA科学循环原则，才能优化新产品质量，并使自己的产品比其他同类产品的质量更具优势。在具体管理过程中，先要制定新产品质量目标和质量控制决策，在具体开发时，要遵循既定的质量控制决策实施计划；之后，要对新产品的质量进行把关，对质量决策发挥的实际作用进行考察；在整个过程中，要摒弃那些不具备实际作用的质量管理决策，从而实现PDCA的完整循环。企业在开发新产品的过程中，要依据相应的PDCA原则，通过形成完整循环实现产品质量的提升，并有效降低产品的开发成本。

◆ **成本管理**

多数企业运用价值工程分析法实施成本管理，这种模式着眼于对产品功能与产品成本进行比较，能够对产品的成本、功能及价值进行量化处理。在分析新产品价值时，采用这种模式的企业会计算产品功能与价值的比值，用于展示产品的性价比。

在这种思维模式下，企业可通过两种途径实现产品价值的提升：一是在维持现有成本的基础上，提高产品功能；二是在保持产品功能的同时，降低产品成本。为了提高新产品开发团队的成本管理能力，企业要协调处理产品功能与产品开发成本之间的关系。

苹果公司新产品的开发管理

身为世界级知名移动通信企业，苹果公司站在行业发展的先锋地位，代表该领域发展的先进水平。苹果公司集中精力开发具备使用价值的创新产品，覆盖移动通信设备、多媒体应用、游戏等诸多领域，在拓展公司自身发展道路的同时，也给用户提供了多样化的选择。

纵观苹果公司的发展历程，从初期探索，到取得举世瞩目的成就，其间不仅经历了飞速增长，也有过业绩平平时期。在这个过程中，公司大胆创新，不断推出新产品。为推动产品研发，苹果公司着手实施新产品开发项目，组建产品研发项目团队，并遵循 ANPP(Apple New Product Process，苹果新产品开发流程)实施产品研发计划。ANPP 以文档形式对产品开发的各个流程进行了详细表述，明确列出产品开发过程包含的几个阶段，并对各个阶段承担的任务和目标进行了清晰界定。

该程序对企业的产品开发进行了科学的规范，确立了各个阶段的项目负责人，并设定了项目启动与结束的具体时间。依据 ANPP 原则进行项目开发，便于苹果公司对新产品开发过程进行科学、有效的管理，强化对整个过程的控制作用。与此同时，为了确保开发项目按照既定计划实施，苹果会定期对项目的开发进度进行核查，确保能够在预定时间内完成公司的新产品开发工作。

从成本的角度分析，苹果公司的设计部门与财务部门之间是完全独立的，公司非常注重设计，致力于为设计师提供充足的资源实现他们的创意，在很大程度上降低了制造流程、财务预算等环节对产品设计的影响。苹果公司在新产品设计及研发环节未设置成本上限，没有考虑后期制造流程中对材料的应用。

从项目管理方面分析，新产品的开发成本对最终的产品成本能够产生很大影响。由于苹果公司采用了不同于其他公司的产品设计理念，导致该公司的产品价格远高出同类产品。不过，由于品牌的用户黏性高，产品的市场运营并不会过于受价格制约。

在进行新产品开发的过程中，公司既要注重时间管理，又要实施质量管理以及成本管理，致力于开发出能够满足消费者需求、可实现成本控制且能够增加盈利的产品。要想降低开发成本，公司就要对开发过程进行管理，保证在预定时间内交付质量过关的产品，实现公司最初制定的开发目标。通过实施全方位、系统化的新产品研发项目管理，苹果公司形成了完整的管理闭环，在开发过程的各个环节均可以进行产品的改进与优化，从而不断提升消费者的体验，为公司创造更多的价值。

第十五章

产品创新：拟态化产品的构建法则

产品拟态化诞生的逻辑

现代管理学之父彼得·德鲁克认为，很多创新是从消费者的认知变化中产生的。为此，企业应该及时感知消费者的认知变化，并抓住机会进行创新。如今产品拟态化正成为消费者的主流认知趋势。

所谓产品拟态化，即缺乏核心应用价值的产品出现在市场上并得到消费者的认可，消费者往往并不看重这类产品的实际功能，也就是说，即使缺乏核心实际用途，也没有品牌所具有的精神文化价值，这种产品依然能够存在于市场。

产品拟态化出现与发展的原因主要在于消费者对产品的价值需求不同于以往。随着市场环境的发展变化，人们的消费能力逐渐提高，消费心理也日渐成熟，在进行产品选择时，消费者更加注重自身心理需求的满足。而现阶段存在于市场的拟态产品都具备明显的舒缓压力的作用。

在现代化社会环境下，人们的日常生活及工作节奏不断加快，消费者需要通过合理的方式与途径释放自己的压力。在这种情况下，消费者的部分购物行为不再取决于商品的实际功用，情感及心理因素在决策过程中占据了更加重要的地位。与之前相比，现如今企业身处的营销环境也已经发生了很大的变化。

虚拟社区的快速发展，促进了虚拟产品的流行。当新的消费行为逐渐被人们所习惯时，与之相关的新形态产品也会得到更多人的认可。举例来说，当消费者在网络平台购买的虚拟产品越来越多时，他们对各类拟态化产品的接受程度就会提高，并逐渐开始在线下消费拟态产品，这种新的消费习惯并不是出现在个体消费者身上，而是在群体中扩散开来。

数字化时代的到来，使得品牌、产品与消费者之间的关系呈现新的特点。企业经营者要清楚，营销是品牌、产品与消费者之间相互影响的过程。企业推出的营销活动之所以能够对消费者的行为产生引导作用，从根本上来说是因为满足了消费者的需求。

与此同时，消费者也会对产品和品牌的发展产生影响。举例来说，消费者需求的变化、生活方式及生活习惯的变迁、媒体技术的传播、科技力量的驱动、品牌文化的升级等都能够作用于企业的品牌及产品。品牌、产品与消费者之间的关系演变，是产品形态发展的决定性因素。

从宏观角度分析，品牌、产品及消费者之间的关系发展经历了三个时期，见表 15-1。

表 15-1　品牌、产品及消费者关系发展的三个时期

时　期	具体表现
第一个时期	企业的产品对三者之间的关系起决定性作用
第二个时期	品牌取代产品占据主导位置
第三个时期	消费者掌握更多主动权，企业会根据消费者的需求变化调整自身的品牌战略及营销方式

消费者的选择及其行为习惯能够在很大程度上决定产品的形态。随着

这三者之间关系的发展变化，消费者对企业产品和品牌的影响愈加明显，企业在日常经营及营销过程中也越来越重视消费者的个性化需求。

当消费者在营销过程中占据主导地位时，外界因素对他们的影响就不再那么明显，企业也开始重视消费者的多元化、个性化需求。比如，星巴克与麦当劳通过敏锐感知消费者的个性化需求开展 SNS（Social Networking Service，社交网络服务）营销，实现了营销模式的创新。

消费者能够对企业品牌的发展方向产生决定性的影响，企业的产品属性也取决于消费者的需求，如今，消费者的影响力仍在不断增强，即便是那些产品缺乏实际功用、与传统意义上的产品存在明显区别，只要符合消费者的需求就能得到市场的认可。

聚焦产品概念与精神内涵

随着消费者影响力的不断增强，产品概念越来越多地取决于消费群体而非生产者。即便产品不具有实用性特征，缺乏核心用途，但只要该产品能够给消费者带来心理上的愉悦感，就可能被消费者接受。另外，有些虚拟产品表现为特定形式，能够起到象征性作用，也可以通过某些渠道被推向市场。

现代营销学之父菲利普·科特勒认为，产品的整体概念包含三个层次，如图 15-1 所示：

在传统模式下，该理论为许多企业的营销布局提供了重要的参考。如今，这种理论正在被打破，当产品取决于消费者时，核心利益也不再是产品不可或缺的概念组成。换句话来说，即便缺乏实体利益，只要得到消费者的认可，产品的概念仍然成立，拟态化产品已作为一种主流发展形态出现在市场上。用户的消费行为及价值选择的改变，已经影响产品未来的发展方向，其特征体现为：

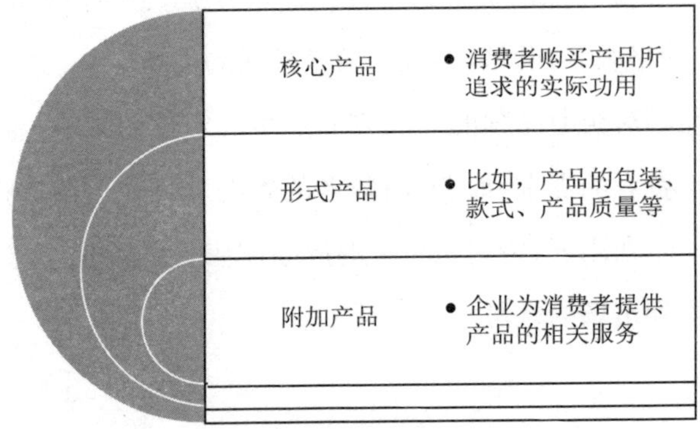

图 15-1　产品整体概念的三个层次

- 抽象的产品形态逐渐取代实体形态占据主导地位；
- 相比产品的实际功能，消费者更加注重心理层面的需求；
- 拟态产品由线上渠道逐渐转向线下。

如今，市场上存在的虚拟化产品不断增多，这种产品有别于传统意义上的产品，除了形式上的转变之外，产品概念也从具象趋于抽象。

随着产品拟态化的发展，消费者带来的影响在促使企业改革传统营销方式的同时，也打破了产品的传统定义，使得原本不属于产品范畴的事物作为创新产品被人们所认知。从宏观角度分析，消费者的影响将带动营销行业的变革，给企业带来创新的机遇。然而，企业不能只凭借对未来趋势的预测开展创新，否则可能承担巨大的损失。

从长远发展角度分析，企业要从产品拟态化快速发展的趋势中认识到，所有事物都不是一成不变的，就算企业不能根据当下的市场发展形势推出有效战略，也要及时感知消费者群体的变化。传统模式下企业对消费者的关注主要聚焦于消费者对其营销方式的接受程度，如今消费者的影响则能够深入产品的内涵层面，产品拟态化就是一种表现。为此，企业经营者需要提前做准备，以免错过发展机会。

企业要想提高营销效果，就要积极进行产品创新。企业开展营销的目的是与消费者展开高效互动，最终促成产品销售。现阶段，企业在进行创新式营销布局的过程中，大都聚焦于采用新型营销手段，比如，更新产品包装吸引消费者的注意力。但由于产品的定义已经不同于以往，企业应该在产品策划阶段就着手进行创新。概念层面的创新能够使企业的产品策划形式变得更加丰富，可以通过满足消费者的心理及精神需求，进一步提高产品的附加值。

直击消费者痛点与心理需求

在传统的营销模式中，企业同样关注消费者的心理需求，但与现在不同的是，此类需求离不开产品的实际功能。随着拟态化产品被越来越多的消费者接受和认可，产品已经可以脱离实际功用独立存在，即便企业推出的产品缺乏实际使用价值，也可能满足消费者的心理需求。

因此，企业在营销策划阶段，就要突破传统的产品概念界定，找到消费者心理需求的痛点。比如，众多的虚拟产品都能够不同程度地满足消费者的心理需求，使其获得精神上的慰藉，并表明自己对潮流文化的追逐。

企业在进行市场调查的过程中，可以采用深度访谈方式，对消费者的文化背景及个性化心理需求进行把握，并据此推出相应的产品。此外，在进行产品设计的过程中，若只关注个体消费者的感受，无法创造完整的产品概念，为解决这个问题，企业应该对消费者群体的情绪变化进行感知，推动产品设计与生产的完成。将消费者作为群体分析，与对消费者个体进行分析类似，均需要着眼于心理需求方面的变化，并据此设计满足消费者心理需求的拟态产品。

比如，如今很多“80后”都在追忆逝去的时光，承载这些记忆的拟态产品开始流行于市场，商家不妨抓住这个机会，将那些能够引发“80后”群体感慨与怀旧情绪的回忆元素融入产品中，如果条件足够，也可以发展为拟态产品，将记忆作为核心卖点。

当物质需求得到满足后，人们就会越来越注重自己的精神与心理需求，企业应该通过对消费者心理需求的把握进行产品设计与生产。以对心理需求的满足为出发点，企业在推出新概念的同时，可以生产承载这种概念的实体产品，比如指针能够倒转的时钟或手表，这种产品虽然缺乏实际功能，但可能切中消费者的感性需求。

概念创新与实体载体相融合

随着拟态产品的快速发展，消费者的需求也在不断升级，消费者的注意力从实体产品的功用逐渐转移至产品的象征意义方面。拟态产品通常要依托实体载体面向消费者，不过实体载体不具备实际功用，只是更加符合消费者的心理期待。

企业在注重产品概念创新的同时，也不能忽视对实体载体的设计，要将两者融为一体。举例来说，回忆虽然能够带动一系列拟态产品的挖掘，但承载这个概念的实体产品也应该能够引发消费者对旧时光的联想。

产品拟态化已然成为未来的发展方向，但在具体的产品策划及生产过程中，企业需要明确的是，目前完全的拟态设计还不成熟，为了有效激发消费者的购买需求，要将实体产品与象征意义融为一体。从传统产品发展的角度分析，拟态化也能够增加产品的价值。

快速发展的虚拟经济能够通过线上渠道满足消费者的心理需求。比如，网络游戏《王者荣耀》吸引了众多游戏玩家，为了在游戏参与过程中获得更多技能，不少玩家付费添置游戏装备，通过网络渠道获得精神层面的满足。现如今，网络渠道的虚拟化产品正逐步过渡至线下渠道。商家要进行虚拟产品的经营与销售，就要进行渠道打造，通过营造恰当的氛围吸引消费者的参与并激发其消费欲望。

企业在进行渠道设计的过程中，既要注重对新概念的提取，又要注重载体形式的设计，还要选择合适的销售方式与销售途径。举例来说，企业通过感知消费者的怀旧情绪，将怀旧作为拟态产品的核心元素，为促进产品销售，还要对概念载体进行设计，并注重店内氛围的营造，从而激起消费者的怀旧情感，促使消费者做出消费决策。

传统的产品界定方式被打破后，将从根本上颠覆原有的产业链条，这种变化趋势将给创业者带来更多的机遇，有助于初创企业开拓市场空间。产品拟态化仍需经历漫长的时期才能形成一定规模，创业者应该抓住这个时机，尽快展开布局。

当消费者越来越注重自身的个性化需求时，市场环境也就更适合产品拟态的发展，企业在产品策划阶段，将更加注重产品创意。目前，不少独立创业者及小规模企业均聚焦于产品创意方面的开发，现阶段企业提供的产品创意与早期的拟态产品存在许多共同之处，具体表现为产品的价值主要体现为创新概念而非实际功用。

传统模式下，企业的创意并不集中，初创企业要使自身发展符合产品拟态化的大趋势，就要将分散的创意进行系统化整理，对消费者的个性化需求进行把握，聚焦于垂直领域的发展，逐步形成一定的规模效应。为了获得更好的发展，传统企业不妨联手优秀的产品设计人才，在进行概念提取的同时，选择合适的渠道并进行载体设计。

企业经营者需要明确，产品拟态化的发展尚未成熟，现在只是刚刚起步，在企业的未来发展方向中未占据主导地位，也就是说，拟态产品并未得到全体消费者的认可。不过，从长远发展角度分析，如果企业等到拟态化成为主流时再采取行动则无法抢占先机，企业要对产品拟态化保持敏锐的洞察力，积极改革传统营销手段，使自己成为营销新时代的引领者。

第六部分

数字化品牌体验

第十六章

品牌变革：数字化时代的品牌重构

思维层面：数字化品牌新思维

近些年，我国数字经济的发展迅猛，不仅重塑了传统的社会生产生活方式，也逐渐成为国民经济的重要组成部分和发展新动力。数字经济利用数字技术与传统应用和服务进行连接融合，并推动后者的变革、转型和升级，实现新兴技术与传统企业的对接、匹配、互补、融合，有效提高了企业的整体效能。

数字化经济不仅对国民经济的发展、传统的产业模式和人们的日常生活方式带来巨大冲击，也为企业品牌传播推广提供了新的思路和更广阔的想象空间。

品牌推广是企业为获得消费者认同而采取的一系列营销推广活动和过程，最终目的是塑造和维护良好的企业或品牌形象，提高品牌影响力，并提升产品销售。因此，品牌推广是品牌建设的重要一环，没有品牌推广的有力支撑，企业的产品或品牌创意再好，也无法让众多消费者看到，自然也就不能创建具有高知名度和美誉度的强势品牌。

传统的品牌推广主要是借助电视、报纸、杂志、户外广告等媒介载体进行广告推送、讲述品牌故事以及开展品牌公关活动等。与之相比，多元化的数字化媒体则极大丰富了品牌推广的形式和内容，比如，依托互联网，当前已形成微博、微信、搜索引擎、微电影、电子杂志等众多可供品牌进行推广的方式，信息载体和传播渠道也从电视报纸等传统媒介扩展至网络、智能手机、移动媒介（如车载移动多媒体）等多种渠道。

内容方面，数字化时代的品牌推广内容也不再是单一的文字、图片或视频，而是有机融合了文字、图片、音频、视频等多种内容形态的全景式传播，甚至是多种内容产品整合起来共同完成一次品牌推广活动，从而获取协同传播效益。数字化技术对传统品牌推广的冲击颠覆是根本性的，要求企业营销管理人员改变以往的品牌推广思维、模式和方式方法。

进入数字化时代，企业品牌推广应该呈现以下新思维，如图 16-1 所示：

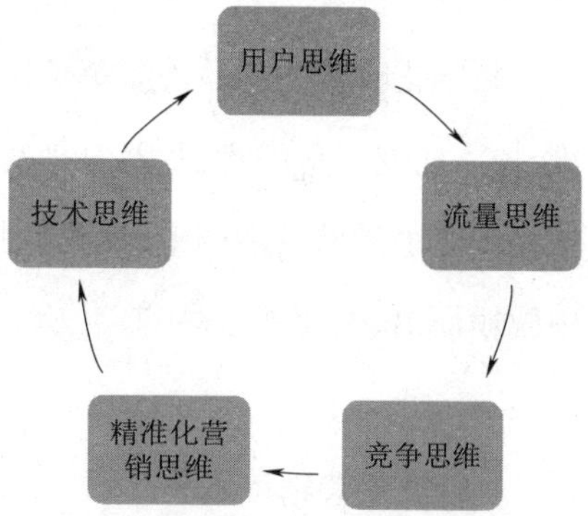

图 16-1 企业品牌推广的五大思维

◆ **用户思维**

数字化时代，信息高度透明并快速传播，从而在根本上改变了以往由于信息不透明、不对称造成的厂商主导市场的局面，用户逐渐成为市场主导，企业进行品牌推广时必须树立用户思维。

简单来讲，就是企业在进行品牌塑造和推广时，应充分考虑两个问题：一是品牌的目标用户是谁；二是他们的消费理念、行为习惯和需求痛点是什么。前者有助于企业精准定位品牌推广的目标受众，后者则能够帮助企业制定更有针对性的品牌推广方案，从而获取最大的推广效益。

◆ **流量思维**

品牌推广内容只有成功传递到目标群体面前，才可能获得预期的推广成效。因此，企业营销管理人员应具备流量思维，了解用户的注意力主要停留在哪些平台渠道，是微博、微信、QQ空间还是抖音、企业官网、新闻资讯平台等，即明确目标受众获取信息的主要渠道，或者对品牌推广而言哪些平台渠道的流量是最优的。

比如，如果品牌的目标用户主要是白领群体，那么品牌推广应更多使用微信公众号、微博平台等进行传播；如果以高校学生为目标群体，则可以使用百度贴吧、社交平台等渠道，以便更容易让品牌推广内容触及用户。

◆ **竞争思维**

数字化时代下的品牌竞争更加白热化，要求营销管理人员具备竞争思维，树立居安思危的意识，及时敏锐感知市场变化和竞争品牌的动向，并根据品牌竞争需要灵活调整、优化品牌推广策略，从而在日益激烈的品牌竞争中脱颖而出，构建强势品牌。

◆ **精准化营销思维**

数字化时代，一方面是信息和商品极大丰富，在充分满足人们产品需求的同时也使越来越多的人面临商品选择困难；另一方面，人们的购物时间和场景呈现碎片化、移动化的发展趋势，导致品牌越来越难以长久吸引和黏住用户注意力。

因此，企业应以精准化营销思维进行品牌推广，精准定位目标受众，并围绕目标群体的需求痛点、习惯、偏好等有针对性地推送信息、产品或服务，借助极致的产品和服务塑造良好的品牌形象，长久吸引用户。

◆ **技术思维**

借助创新技术和数据平台，企业能够大幅提高品牌推广的精准性，并使品牌推广活动呈现可视化、数据化的特点，从而为营销管理人员设计制定品牌推广方案提供有效依据。新媒体日益成为企业进行品牌推广的主要平台渠道，传统媒体广告普遍遇冷，因此，企业营销人员可以选择门槛儿和成本更低、覆盖范围更广的新媒体广告。

总体来看，互联网平台、电视、移动终端推广平台已经成为企业营销人员进行品牌推广的主要选择；大数据技术的应用则实现了品牌推广活动的数据化、可视化，有助于营销人员及时准确地把握市场需求和发展变化状况，制定更有针对性的品牌推广方案。

数字化时代下，日益激烈的市场竞争和海量的品牌推广信息，也对营销人员提出了更高的设计、创意和制作要求。如何创新品牌推广方案，打造有吸引力的特色内容，使自身的品牌推广方案从海量品牌信息中脱颖而出，占据用户心智，成为企业营销人员需要充分考虑的重要议题。

传播层面：消费者主权的崛起

美国著名营销专家艾·里斯与杰克·特劳特提出的“定位理论”[①]在营销界广受推崇，但定位理论对品牌延伸的分析不完全准确，现实中通过品牌

---

①定位理论：里斯和特劳特认为，定位要从一个产品开始，这里的产品可能是商品、服务、一个机构甚至是个体，不过定位不是针对产品要做的事，而是针对预期客户要做的事。换句话说，要在预期客户的头脑里给产品定位，确保产品在预期客户头脑里占据一个真正有价值的地位。

延伸取得显著发展成就的企业也不在少数。虽然很多企业的品牌延伸战略并不成功，但不可否认，相比推出新品，品牌延伸的难度更低。

将品牌与产品混为一谈是定位论对品牌延伸分析存在局限性的重要原因。品牌与产品之间的不同能够通过多个维度表现出来，这些差异化特征可能满足消费者的个性化需求。若营销者能够从感性层面入手提高消费者对品牌的认可度，也能拓宽企业品牌的发展空间。

很多奢侈品企业就采用了品牌延伸策略，这些企业涉及的产品种类往往多种多样，包括服装、鞋子、丝巾、箱包、香水等，也取得了骄人的业绩，原因就在于，企业利用消费者对自身品牌的感性认知，在把握消费者情感需求的基础上进行品牌延伸。由此可见，企业可以从感性层面入手，不断拓宽品牌相关的品类范围。

在这里，我们关注的重点不是应不应该进行品牌延伸，而是要探究互联时代的品牌延伸技术是否已经不同于以往。企业经营者应该正确认识新时代的品牌疆界，并懂得在品牌发展过程中充分发挥技术的推动作用。

定位理论提出于 20 世纪 70 年代早期，那时占据主导地位的推广媒体是电视与平面媒体，此时在媒体平台发布信息要消耗大量资金，且受到播出时间、篇幅的限制，能够全面、深入阅读信息内容的消费者仅为少数。但很多营销技巧都是根据这个时代的媒体特征归纳出来的，一直沿用至今。

媒体能够对企业的信息传播产生影响，也能够作用于企业的品牌塑造与发展。艾·里斯认为，对企业品牌发展影响最大的是公关，其次便是广告，这种说法也是与当时的媒体特征不可分割的。通常情况下，企业公关可以利用热点事件吸引人们的注意，提高人们对企业品牌及产品的关注度，使企业品牌给人们留下深刻的印象，为企业的市场拓展打下坚实的基础。

包括定位理论、USP 理论（Unique Selling Proposition，创意理论）在内的传统营销模式，都主张企业要迅速提高消费者对自身品牌的辨识度，抢占消费者心智或表现产品的独特优势。与争做行业最优相比，定位理论更倾向于企业应该争做第一，在时间方面占据优势。因为在传统媒体时代，消费者的信息获取渠道有限，能够率先进入他们视野的品牌更容易得到青睐。

与传统媒体时代相比，互联网时代的信息传播方式呈现许多新的特点。通过网络平台，消费者能够查询到更多的品牌及产品相关信息，并参考这些信息做出最终的消费决策。而在传统媒体时代，消费者获取品牌信息的渠道比较有限，往往会根据外在形象对产品整体做出判断；移动通信技术的发展和应用，则使得消费者可以根据产品的细节进行综合评估。

通过分析可以看出，如今的消费者越来越倾向于通过细节描述判断产品。传统媒体时代，企业主要通过电视广告或海报宣传产品；但在互联网时代下，企业则需在网络平台向消费者提供产品及品牌的详细信息，并以文字、图片等多种方式体现。比如，淘宝就提倡商家注重对产品内页的设计，旨在为消费者提供详尽的产品信息，采用不同于以往的营销方式开展运营，吸引对产品感兴趣或存在相关需求的消费者，促使他们对产品进行全面、深入地了解，成为资深用户。

传统媒体时代，开拓新领域的品牌或产品通常能够给消费者留下深刻的印象，在市场上占据优势地位。但在互联网时代，相较于抢占先机，如果企业能够在产品方面表现出色，则更容易在同行业内占据优势地位。因此，在互联网普遍应用的今天，消费者对某种产品产生需求后，通常会对比不同商家、不同品牌的同类产品，从中筛选出性价比最高的产品。

在这样的大环境下，身处互联网时代的企业为了迎合消费者的需求，会推出一些性价比较高的产品或服务，并打造成热门单品。不过，采用这样的模式企业通常要消耗大量成本，为了寻求自身发展，很多品牌商会选择在品类方面进行拓展。在新时代，企业不能只局限于某个细分市场的发展，而是应该根据自身发展需求，适当地进行品类拓展，而这种运营模式也比较符合当今消费者的习惯。

渠道层面：从品牌向产品延伸

传统模式下，企业实施品类拓展策略时，常常会在实际运营中面临各种各样的挑战，不仅如此，企业在营销推广方面还会消耗大量资金。近年来，随着互联网的高速发展与普遍应用，无论是销售渠道还是营销渠道均发生了变化，传统的营销战略已经无法满足企业的发展需求。

传统媒体时代，企业的营销推广主要是为了扩大品牌覆盖面，吸引用户关注，提高品牌知名度，相较之下，互联网媒体时代的企业更注重用户转化。而依托网络渠道开展品牌及产品营销，能够有效提高产品销量，并提升品牌知名度与影响力。

为了促成产品销售，品牌商需要吸引目标用户的注意力，这使得企业的流量成本日益攀升。所以，为了提高投资回报率，不少 B2C 商家都集中精力进行用户转化，并在这个过程中逐步拓宽品类范围。近年来，包括品牌 B2C 及垂直 B2C 在内的经营者，都争相进行品类拓展，为用户提供更加丰富的商品，旨在满足他们多样化的需求。

传统媒体时代，企业的营销推广是从品牌到产品，互联网时代的到来则转变了这种营销模式，这使得企业品牌的可塑性大幅提高。与此同时，消费者也开始参与到品牌塑造环节中，这与传统模式下品牌占据主导地位、消费者处于完全被动的地位截然不同。随着时代的发展和技术的进步，品牌本身的象征意义也会随之改变，对企业发展来说，品牌的市场接受度能够对品牌延伸战略的实施产生重要影响。

在品牌延伸过程中，传播渠道与销售渠道都发挥着重要的作用。不过，在运营实践中，企业的经营者应该以原有渠道为核心，通过充分发挥原有渠道的价值进行品类延伸。

在传统的营销模式下，企业的品牌营销往往是从上到下的，数字化时代的到来，使得这种方式正在被颠覆。在新的时代背景下，企业可采用更加多样化的方式进行品牌塑造及延伸，即使传统营销方式仍有很多可取之处，也要及时进行变革。身处互联网时代的企业，能够借助网络平台的优势与用户进行即时性沟通互动，并迅速获取用户的反馈信息，因此，通过采用新型营销传播方式，企业能够有效进行品牌拓展。

诞生于20世纪60年代的4P营销理论在业界占据重要地位，被很多企业经营者奉为营销圣经。但随着时代的发展，该理论中包含的几大要素都发生了变化，这意味着营销将在理论层面产生变革。现代营销学之父菲利普·科特勒认为，新时代下的营销变革是在价值观的驱动下产生的。因此，企业在实施营销推广的过程中，也要将社会的变化及发展考虑在内。

综上所述，企业可通过实施品牌延伸战略开辟自身的发展道路，未来，品牌拓展的空间将越来越大，受到的限制则会越来越少。

公关层面：从单向到互动传播

在传统媒体大行其道的时代，消费者只是从电视、报纸、杂志、户外广告等媒介中被动地接受信息，无法参与信息的传播推广过程，也不能与企业进行有效的沟通互动，导致品牌推广常常难以获得预期效果。而数字化时代微信、微博、SNS社区等各类新媒体平台的快速发展和普及，使得消费者从被动的信息接收者转变为品牌内容的创造传播者，品牌推广呈现明显的互动性特征。

对品牌经营者来说，相比单向的信息推送，及时回复消费者留言、解答消费者疑虑、认真倾听消费者心声，更容易获得消费者的认同与共鸣。同时，持续深度的互动沟通也有助于在品牌与消费者之间建立更强的情感连接和信任关系。

所谓互动营销，指的是通过互动话题或事件吸引众多消费者的关注和参与讨论，从而借助企业与消费者、消费者与消费者之间的互动讨论，实现品牌信息更广泛传播的营销方式。需要注意的是，互动营销中传播的品牌信息既可能是正面的，也可能是对品牌不利的；同时，KOL（意见领袖）对普通消费者也可能产生很大影响。因此，营销人员在进行品牌推广时，应对该领域的KOL进行重点关注和维护，并通过他们宣传正面的品牌形象，获得口碑效益。

此外，公关活动是品牌推广的重要方式，有助于树立良好的企业或品牌形象。数字化时代的到来，推动了公共关系的创新转型，要求企业深刻把握互联网在公众舆论导向方面的重要作用，变革以往基于传统媒体的公关推广模式，构建互联网公关体系。具体来看，营销人员可以从以下几点切入进行公关推广创新，如图16-2所示：

（1）整合互联网资源，进行多渠道公关推广

数字化时代下，品牌推广可以选择更为丰富多元的媒体渠道。营销人员要精准定位品牌目标消费者的媒体接触点，整合多种互联网资源，进行多媒体、多渠道、多方式的品牌推广，从而获得最优的公关推广效果。

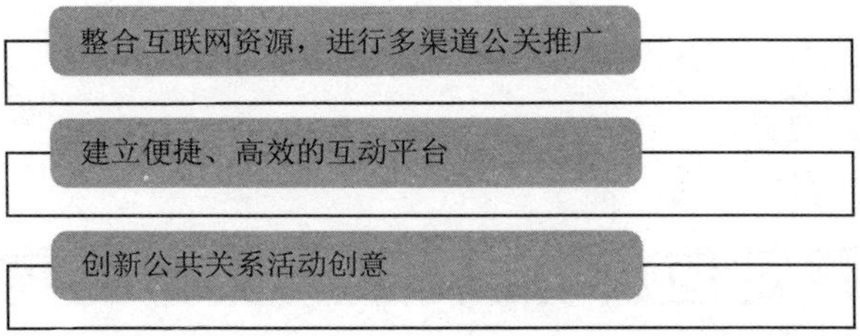

图 16-2　公关推广创新的三大策略

(2)建立便捷、高效的互动平台

数字化中的信息具有流动性强、传播速度快的特点，这就要求企业创新互动平台，依托数字化构建便捷高效的互动交流平台，通过及时有效的沟通互动消除消费者的疑虑，及时处理消费者的反馈和投诉，从而既实现公关推广的目的，也避免品牌负面信息的大范围扩散，预防公关危机。

(3)创新公共关系活动创意

在同质化竞争愈发严峻的互联网时代，好的公关活动创意不仅有助于品牌推广信息从海量内容中脱颖而出吸引消费者的目光，也有利于在公众心中留下良好的品牌印象，提升品牌美誉度。

互联网不仅变革了品牌推广的形式、内容、传播途径、方式方法，也从根本上重塑了传统的品牌推广思维。因此，营销管理人员进行品牌推广时，不仅要从消费者角度出发，也要充分理解并结合互联网的特点和传播模式，制定精准高效的品牌推广方案，如此才可能获得最优的品牌推广效果。

第十七章

战略定位：精准洞察消费者的需求

品牌定位：有效提升顾客忠诚度

当越来越多的企业在品牌建设及运营过程中运用体验经济模式时，我们有必要深入分析品牌与体验之间的关系，厘清品牌体验的内涵。采用这种模式的企业，需要从消费者的认知、感官、情感、行为反应等层面出发考虑问题，并将这种思维运用于品牌设计、品牌包装、营销环境打造、消费者互动等诸多环节中。

消费者在进行商品选择与消费的过程中所产生的心理及行为，实际上都属于品牌体验的范畴，这些体验会对商品、品牌选择产生重要的影响。在产品经济时代，产品的质量及功能是消费者关注的重点，而这属于企业的硬件；在服务经济时代，与产品相关的服务质量是消费者关注的重点，此为企业的软件；在体验经济时代，消费者则更加关注企业硬件与软件之间的结合情况。所以，企业要想获得消费者的认可，就要实现硬件与软件之间的连接，并在长期运营过程中逐步积累品牌的粉丝用户。

在产品极大丰富、市场同质化竞争日益严重的消费社会中，越来越多的消费者开始超越物质性与功能性的产品诉求，转而关注参与互动、自我实现等更高层次的价值满足与体验，从而导致单纯的产品与服务越来越无法长久吸引和留存用户。

基于此，商家也应将营销活动的重心从商品本身上升为品牌体验，通过搭建舒适、便捷的沟通互动场景，并利用吸引眼球的概念和故事，有效激发消费者参与互动的欲望，从而结合产品特点和消费心理，为顾客创造一种强调体验的品牌形象。

在进行品牌打造及运营的过程中突出差异化的体验，可以通过感性定位，以独有的品牌优势让消费者感受品牌的体验价值，增进品牌与消费者之间的关系，带给消费者独一无二的体验，并给他们留下深刻的印象，提高品牌认知度。

◆ 体验经济下的品牌定位策略

进入数字化时代后，企业采用体验经济模式打造品牌定位的策略主要包括三点，如图 17-1 所示：

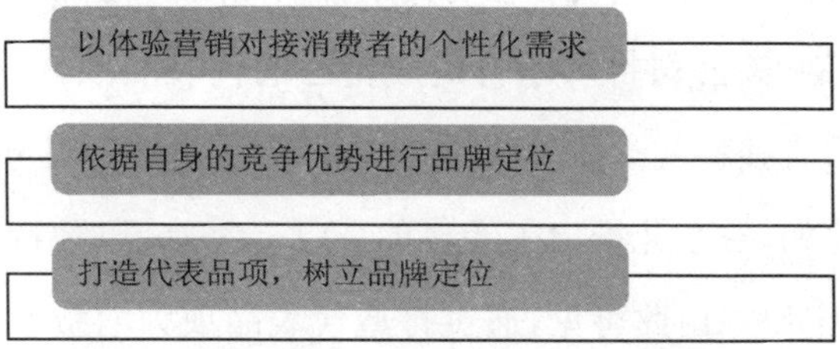

图 17-1　体验经济下品牌定位的三大策略

（1）以体验营销对接消费者的个性化需求

企业应该对消费者的品牌认知进行调查和分析。要想充分对接消费者，就应该了解消费者的个性化需求，依据感性定位实施精细化的用户管理，知晓消费者是如何进行品牌感知的，站在消费者的角度分析自身品牌所属的具体范畴，实现品牌概念的有效传递，拉近品牌与消费者之间的距离。

把握消费者的个性化需求与品牌认知方式之后，企业要据此打造专属的品牌体验，进行品牌定位，在这个过程中，企业要给消费者提供情景体验，提高消费者的黏性；要围绕消费者的需求与其展开沟通互动，提高营销效果。

(2)依据自身的竞争优势进行品牌定位

在发展体验式服务的过程中，企业需要对自身的性质、发展经历、产品及品牌特色、资源使用情况等进行分析，挖掘自身的优势，提供不同于其他竞争对手的独有体验，以差异化优势胜出；在优势缺乏的情况下，则可以针对品牌的市场缺口进行产品开发运营，通过这种方式扬长避短。

(3)打造代表品项，树立品牌定位

从消费者认知的角度分析，消费者往往更倾向于选择定位清晰的品牌，因此，企业在进行品牌定位时应该降低复杂性。为抢占消费者的心智，企业可以推出代表品项，通过这种方式提高消费者对品牌的认可度。

在向市场推出自己的品牌后，企业应该及时进行代表性品项的打造，通过这种方式明确定位，让消费者在看到某种产品后就能联想到自己的品牌。以可口可乐为例，该公司将可乐打造成自己的代表品项，并推出经典弧形瓶，在带给消费者独特视觉体验的同时，也加深了消费者对可口可乐品牌定位的认知；再比如，香奈儿推出了经典的 NO. 5 香水，以独特的嗅觉体验明确自身的品牌定位。由此可见，通过打造代表品项为消费者提供差异化的体验，能够让消费者充分了解企业的品牌概念。

◆ 体验经济下的品牌优化策略

在体验经济模式下，企业主要采取的品牌优化策略应该包括：

(1)实施过程管理，实现品牌优化

管理体验全过程涉及体验营销的所有环节及流程，但企业应该将精力集中投放在以下几个环节上，如图 17-2 所示：

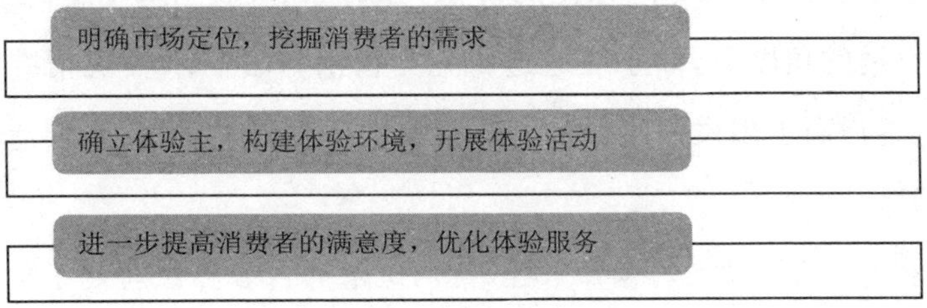

图 17-2　品牌优化的三个环节

企业只有注重对这几个环节的管理，才能达到品牌优化的目的。

(2)进行品牌延伸，实现品牌优化

在进行品牌延伸的过程中，企业要对消费者的需求变化进行分析与把握，据此调整体验过程。另外，在进行产品升级换代的同时，企业也要相应地改变体验内容，调动消费者重复参与体验的积极性。

顾客定位：精准锁定目标消费群

体验营销必须以准确的目标消费群体、清晰的消费场景、准确的获客为基础构建，如果定位不精准、场景不清晰、获客不准确，体验营销就无法构建。在当前的市场环境下，企业要想开展体验营销必须率先解决一些问题：比如，目标消费群体是谁？如何获取目标消费群体？如何与目标消费群体建立链接？如何对目标消费群体产生影响？如何高效地触及目标消费群体？

马斯洛的需求层次理论指出，当人们满足基本的生理性需求后，就会追求更高层次的心理与情感性的价值，如尊重、社交互动、自我实现等。从体验营销的角度看，商家应通过研究分析消费者需求实现精准的客户定位，从客户需求出发制定最佳的体验营销活动方案，为顾客创造良好的价值体验。

对于购买高档住宅的客户来说，他们追求的内容已经超越了单纯的居住需求，更多是希望获取一种心理和情感上的满足，是将房产视为自我实现等价值的载体。因此，在针对这类人群的房产销售策略中，除了基本的价格因素外，商家更应做的是通过环境、布局、居住人群等的设计，搭建一种美好的未来家居生活场景，形成与客户情感的共鸣，从而获得客户的认同，实现销售目标。

同样，对某些客户群体而言，汽车也早已超越了代步工具的简单意义，成为一种移动生活空间和品质生活的象征，从而为人们创造了远超汽车产品本身的更多精神享受与价值体验。因此，体验营销对汽车销售意义重大，商家应突破汽车产品本身的范畴，以汽车和相关服务为载体为客户创造一种美好的移动生活体验场景，深度激发客户的心理情感共鸣，从而不仅实现汽车销售，更将客户培育为产品和品牌的忠诚粉丝。

进入体验经济时代，优质体验已经成为商品或服务吸引和留存消费者最重要的“法宝”。商品或服务能为消费者创造美好体验，使消费者觉得有价值，则消费者就越不会在价格等方面斤斤计较，购买商品或服务的可能性也就越大，甚至可能成为品牌粉丝。因此，企业在经营活动中要注重对消费者需求、行为、特质等多方面信息的采集整理和研究分析，实现客户精准定位，从而有针对性地为客户提供优质体验。

在当前的市场环境下，顾客需求表现出极大的差异，他们的消费能力不同、消费诉求也有所不同。在此环境下，企业必须立足于满足不同消费者的体验需求，将这种需求与自身的经营能力相结合，对不同消费时期、不同消费能力的目标消费群体进行精准定位。只有这样，企业才能有针对性地打造商品与服务，吸引目标消费群体购买，充分地满足消费者需求。

产品定位：深度契合消费者需求

体验营销是以消费者为中心、从消费者需求出发的营销活动，因此，企业必须从产品研发设计阶段就充分考虑消费者多层次的心理诉求，在产品设计中融入更多情感因素，使产品特质与目标消费者的需求相契合。

也就是说，企业在进行产品研发设计时，不能再像以往那样只是考虑产品本身的质量和性能，也要积极从消费者需求出发在产品中融入品位、形象、情调、文化等更多元素，精心塑造符合消费者情感需求的产品，如此才能激发消费者的价值共鸣，获得消费者的认同，发挥体验营销应有的效果。

对任何营销活动来说，产品都是最根本的支撑，也是消费者在消费选择和决策时首先关注的内容。因此，企业只有提供优质优价的丰富产品，满足不同层次消费者的多元化、个性化需求，才能成功吸引和黏住消费者。

此外，在数字化技术不断发展和获得大范围应用的今天，越来越多的企业尝试采用免费模式做营销，这种商业模式的应用范围将在后续发展过程中不断拓宽，并可能成为企业体现自身竞争优势的有效方式。现阶段仍有很多企业因为缺乏足够的资源支撑而无法实施免费的体验营销。事实上，免费营销不是近几年才出现的，很多行业都采用过类似的模式。

通常情况下，经营者会在消费者最在意的服务项目上实施免费策略，转而从其他项目获取利润。举例来说，很多大型公园免费开放，但其中的很多游乐项目，比如，过山车、摩天轮等都要收费，这种经营模式会吸引很多人到公园中消费。

贪图便宜是一种常见的心理现象，部分体验者在免费参与某项目后往往会认可企业的经营，并转而开始付费。因此，很多食品类企业推出试吃项目，目的就是将参与体验的人转化为自己的消费者。在这个过程中，企业会从消费者的角度出发进行思考，为消费者带来真正的价值。不过，在具体实施过程中要灵活采用各类经营模式，通过控制自身成本最终让利于消费者，并为企业提供多元化的选择。

从价格层面来看，企业经营的产品可分为两种：低端产品与高端产品。低端产品主要走销量，为此，企业需尽量压低产品价格，从而吸引更多消费者。但在传统模式下，那些以低端产品为主的企业，产品结构往往比较单一，如果一味压低价格，利润空间就会变得狭窄，陷入发展困境；而如果企业只专注于高端产品的经营，则限制了消费者的门槛儿。针对上述问题，企业需要对产品结构进行调整，为免费体验模式的实施奠定基础。

在这方面做得比较成功的是腾讯，腾讯通过社交平台聚集了海量用户资源，据此推出诸多增值服务，引导用户付费获取，服务项目根据用户的能力进行了层级划分，能够为用户提供多元化的选择。正是因为从用户的角度出发考虑问题、进行产品运营，腾讯才能在竞争激烈的市场中积累大规模的用户基础。

此外，企业在进行产品定位的过程中，需要根据不同的产品制定有针对性的定位策略：

(1)全新型产品的上市

一款刚上市的全新型产品，由于目标群体对产品缺乏足够的认识，没有体验过类似的产品，出于对未知的恐惧心理，很多人可能不会主动购买，而是选择观望，待其他人试验过后，再决定是否购买。此时，企业为了缩短用户培育期，快速为新品打开市场，可以及时推出体验营销活动，让目标群体实际感受、体验产品，从而消除其疑惑与担忧。

免费试吃、试用等体验活动对用户颇具吸引力，如果能够邀请那些在目标群体心中具有较强影响力的意见领袖体验，并让其在社交媒体发布试用体验，往往能够产生良好的营销效果。

(2)具有鲜明卖点的改良新产品

市场中绝大部分的新产品是对原有产品进行优化改良而成，而不是完全的创新，比如，增加了某种新功能等。虽然原有产品已经有一定的用户基础，但为了在较短时间内提高产品销量，防范竞争对手的同质化竞争，也应该通过体验营销让目标群体尽快了解新品，甚至成为新品的忠实用户。

(3)容易转变和培养消费习惯的老产品

当然，市场中还存在一些具备较高知名度的老产品，但其用户群体相对固定，如果没有有效的营销手段，则很难进一步扩大用户规模。而体验营销凭借参与感、互动性方面的优势，可以进一步提高现有用户的忠实度，吸引更多的新用户，提高企业的盈利能力。

三只松鼠："四位一体"的品牌定位

创建于2012年2月的三只松鼠，在发展初期是一家纯互联网食品企业，随着规模的迅速扩大，如今已成为食品电商企业中的翘楚。三只松鼠能够以新电商企业的身份，在成立之后迅速崛起，并最终走在行业的前端，有多方面的原因，而最关键的原因则是其精准的品牌定位策略，具体如图 17-3所示：

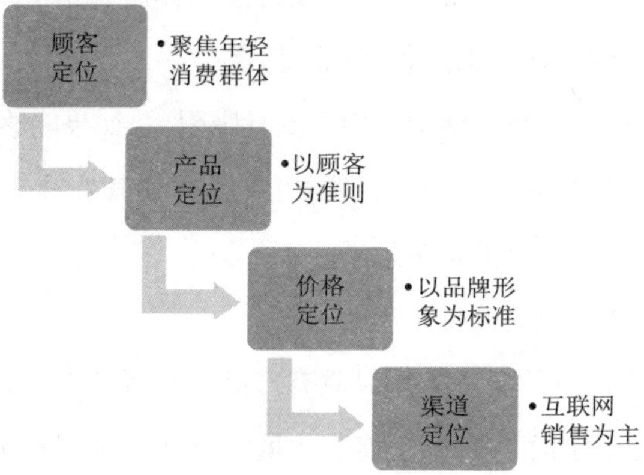

图 17-3　三只松鼠精准的品牌定位

◆ **顾客定位：聚焦年轻消费群体**

三只松鼠开展体验营销的基础是精准的目标顾客定位，它聚焦的目标消费群体是年轻、时尚、追求健康和生活品质的都市白领。

对这类顾客进行分析可发现以下几大特点，见表 17-1。

表 17-1　三只松鼠目标消费群体的五大特点

序　号	特　点
1	干果类产品的主要顾客，比较追求生活品质
2	生活方式基本上已经实现了互联网化
3	已养成线上购物习惯，消费过程从知道——产生兴趣——产生购买冲动——购买转变成搜索商品——甄别商品——体验商品——购买商品——评价商品——分享商品
4	对于这类顾客来说，新社群与新媒体会对其产生重要影响
5	这类顾客非常注重体验，体验需求是其非常重要的消费需求

虽然精准的目标消费群体定位会让消费群体范围变得狭窄，但是三只松鼠定位的这类消费群体是线上购物的主力军。以这种消费群体定位为基础，三只松鼠从产品模式、营销模式、渠道模式出发全面提升消费体验：

- 三只松鼠的漫画形象、产品包装及客服都表现出青春、可爱的特点，成功地击中目标消费群体的萌点，让他们倍感亲切；
- 三只松鼠为顾客提供了近乎完美的消费体验，使顾客的消费诉求得到极大满足。

借鉴三只松鼠的成功经验，在消费升级、需求分层的市场环境下，零售企业要想获取市场就必须做好目标消费群体定位，定位越精准，就越能吸引目标消费群体关注，越能有效地提升目标消费群体的消费体验。

◆ 产品定位：以顾客为准则

三只松鼠的产品给顾客的印象可以归纳为三点：产品新鲜、加工适度、绿色天然。因此，产品定位会对产品营销效果产生很大的影响。

什么是产品定位？即企业在进行产品设计、开展产品营销时，采用一定的营销方式建立自身的产品形象，并提高顾客的认知度。在经济迅速发展的今天，顾客的需求也发生了变化，食品的质量、安全性成为顾客关注的重点因素。认识到这一点后，三只松鼠根据顾客的需求进行产品形象的打造，使自身的产品定位符合顾客的需求与偏好。

◆ 价格定位：以品牌形象为标准

产品价格会对销售情况产生重要的影响。那么，三只松鼠是如何进行产品定价的呢？该公司在定价时会考虑哪些因素？总体而言，三只松鼠的定价策略包括三大阶段，见表 17-2。

表 17-2　三只松鼠定价策略的三个阶段

发展阶段	定价策略
品牌建立的初始阶段	与其他同类品牌相比，三只松鼠的市场资源比较有限，品牌影响力也比较低，在这个阶段，产品定价低于同类产品
发展阶段	三只松鼠的品牌知名度逐渐提高，产品定价接近市场平均水平
发展成熟阶段	三只松鼠完成了品牌建设，在产品质量、服务质量、品牌方面都拥有一定的优势，采用高于同类品牌的水平进行价格定位

◆ 渠道定位：互联网销售为主

互联网营销作为一种市场营销费方式能够利用网络平台传递数字化的信息，与目标顾客进行互动，最终促成产品销售。在互联网及移动互联网时代，三只松鼠充分发挥了互联网平台的优势，使企业、市场、产品、顾客之间的连接能够突破时空因素的限制，以较低的成本实现高效的信息交换，在此基础上达到最终的交易目的。

面对激烈的市场竞争，不少企业对三只松鼠的经营实践进行了分析与探求，希望挖掘出该品牌的营销思路，对其成功经验进行总结，通过向三只松鼠学习提升自身的销售业绩。在这个过程中，企业要避免完全照搬三只松鼠的营销策略，而应该根据实际情况进行适当的调整，探索适合自己的发展道路。

第十八章

体验至上：顾客价值驱动品牌增长

以消费者体验为中心

在市场竞争日益激烈的背景下，很多企业都会采取各种手段不断提高消费者满意度，以占据更多市场份额。然而，随着商品和服务的同质化愈发严重，单纯满足物质性、功能性诉求的营销活动已很难长久吸引和黏住消费者，由此催生了一种全新的营销模式——体验营销。

体验营销充分体现了新常态下以人为本的营销理念，是从消费者的感官、情感、思维、行动等维度对营销活动进行重塑的一种全新的营销模式，意在深度挖掘目标受众的潜在消费欲望和多层次的消费诉求。体验营销以商品为载体，以服务为场域，围绕消费者的需求开展一系列交互活动，使消费者在良好的产品或服务体验以及愉悦的感受中形成对品牌和企业的信任与忠诚。

体验营销是对服务营销的优化升级，真正体现了以消费者为中心的价值理念，能够通过构建良好的场景与文化氛围，吸引消费者参与互动，深度激发他们的购买欲望，并在此过程中塑造品牌价值，建立消费者对品牌的强信任关系，培育品牌粉丝，帮助企业摆脱单纯价格战的恶性循环。

当消费者的物质需求逐渐得到满足后，自然会去追求更高层次的精神需求。回顾人类经济的发展历程，从最初的农业经济逐渐转变为工业经济，再到服务经济，如今正在向体验经济转变。在体验经济阶段，产品价格、功能等在消费决策中发挥的作用被弱化，精神体验变得尤为关键。在“90后”及“00后”这一新消费群体快速崛起的当下，能否满足消费者的情感与精神需求，已经成为决定企业营销推广能否取得预期效果的关键所在。

企业在营销实践中，推出了各种各样的体验营销活动，部分企业也取得了相当不错的效果，但整体上看，体验营销的发展与应用仍处于发展阶段，失败案例不计其数。而要想让体验营销能够像传统营销模式一样在企业的营销推广中发挥预期效果，还需要长期的积累与沉淀。

从诸多案例可以总结出，企业在应用体验营销时出现的问题集中表现在以下几个方面，如图18-1所示：

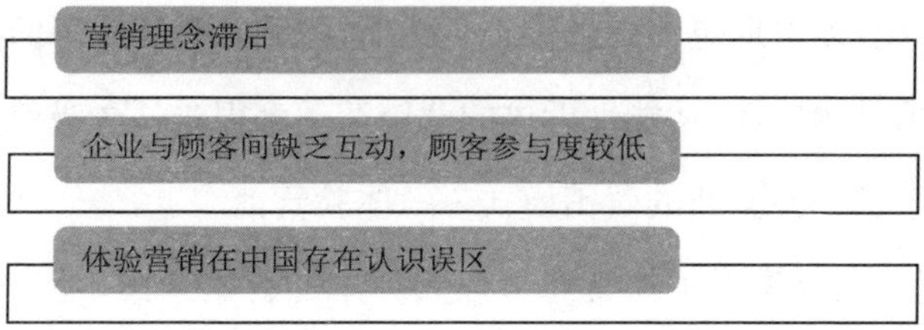

图18-1　企业开展体验营销的三大问题

(1)营销理念滞后

毋庸置疑的是，要想充分发挥体验营销的真正作用，必须对体验营销背后的逻辑及理念有深入的认识，了解目标群体需要的是怎样的情感与精神体验，而不是用简单粗暴的价格战吸引消费者，一味沿用产品本位思维，而忽略消费者需求。

(2)企业与消费者间缺乏互动，消费者参与度较低

体验营销需要让消费者真正参与进来，积极互动分享，这样才能让消费

者产生情感共鸣，甚至帮助企业进行口碑传播。在成功的体验营销实践案例中，积极参与互动的消费者成为企业营销内容的传播者，他们在自己的社交圈中分享产品及服务体验。毋庸置疑的是，这种基于信任关系的口碑传播能够为企业创造巨大的价值。

而很多企业开展体验营销时，往往仅局限于对消费者的视觉、触觉、听觉等浅层次感官需求的满足，无法让消费者产生情感共鸣，导致消费者缺乏参与感，从而难以达成预期营销效果。

(3)体验营销存在认识误区

在很多企业看来，体验营销更多是一种简单的营销手段，是在短时间内提高产品销量和品牌知名度的工具，而没有认识到体验营销应该是企业长期采用的一种发展战略，这就造成企业在策划体验营销活动时，缺乏前瞻性思维与战略性眼光，不但未能实现营销目标，而且造成了严重的资源浪费。

体验营销的五大特征

体验营销是有别于传统营销的一种全新的营销思维与模式，是消费升级大背景下企业营销发展的必然趋势，具有个性化、情感化、连续性、互动性、主观性等特征。

◆ 个性化

体验营销的关键是“体验”，即消费者对某种刺激产生的内在反应。由于每个人的成长经历、价值观念等都有所不同，因此，体验具有很强的个性化特质，即同一刺激下不同消费者常常会形成不同的体验。

基于此，企业必须高度重视消费者的个性特质，通过多种方式实现精准的定位，根据不同消费者的差异性需求提供最适宜的产品或服务。换句话说，企业要成功吸引消费者关注，实现与消费者的有效互动，必须从消费者需求出发，让他们拥有更多的自主选择权，能够获取与自身风格特质相契合的个性化的产品或服务，如此才能赢得消费者的好感与信任，达到营销目标。

◆ **情感化**

相关研究指出，人们的消费决策同时受到理性因素与感性因素的影响，人们一时情感冲动做出的购买行为与理性衡量后做出的购买行为具有同等的概率，这要求企业不仅要注重理性因素，也要肯定感性因素在促发消费者购买行为中的重要价值。

从这个角度来看，体验营销具有情感化的特征。企业在开展体验营销时，不仅要向消费者介绍商品或服务信息，更重要的是通过与消费者持续深度的情感交流，创造一种舒适愉悦的心理情感体验，满足消费者深层次的情感诉求，从而与他们建立情感连接与信任关系，激发人们的购买行为。

◆ **连续性**

体验营销具有连续性的特点，即消费者获得某种体验感知后，这种体验感知并不会随着营销活动的结束立刻消失，而是具有一定的延续性，会持续对消费者产生影响，甚至消费者可以通过对参与体验过程的重新回顾和评价获取新的感受，从而促发他们的重复消费行为。

比如，消费者在某家理发店获得了很好的理发体验，则这种体验感知在理发结束后仍会一直留在心中，从而促使其在下次需要理发时同样到这家店获取服务。

◆ 互动性

体验营销的关键是消费者的体验，但很多体验又是看不见、摸不着的，企业很难准确把握消费者的感受，这时与消费者的交流互动就显得十分必要，因此，体验营销具有互动性的特征。在消费者处于主导地位、价值创造从生产端转向消费端的买方市场中，体验营销本质上是一种文化营销，是顺应消费升级趋势满足消费者更高层次情感等精神价值诉求的全新营销思维与模式。

体验营销以消费者为中心，以满足消费者多层次、个性化的体验需求为出发点和落脚点，因此，为了全面准确把握消费者深层次的心理情感需求，企业必须与消费者建立连接交互关系，通过消费者的参与互动以及与消费者的持续沟通实现全面精准的需求定位，从而提供更有针对性的产品或服务，充分满足消费者多层次、个性化的价值体验。

体验是企业与消费者共同参与互动的结果，消费者在体验营销活动中既是体验的接受者、享受者，也是体验的参与者、创造者。体验营销的这种互动性特征将产品或服务的消费过程转变为一种更具吸引力的创造过程。

体验营销是将体验作为有价值的商品呈现给消费者，通过满足消费者多层次、个性化的心理诉求让他们对品牌形成认同与信任，并逐渐与品牌建立强情感连接，将品牌视为一种情感寄托，并最终成为品牌的忠实粉丝。因此，企业在营销活动中应积极设计和搭建能为消费者带来良好体验的场景和环境氛围，借助体验营销的互动性与消费者建立情感连接，从而影响消费者的消费选择与购买决策。

◆ 主观性

体验营销的落脚点是通过消费者的亲身参与互动让他们对产品或品牌形成良好的印象，具有主观性的特点，即不同个体对同一体验过程的感受常常有所差异，表现出较强的个体主观性。

因此，体验营销的关键是通过多种方式让消费者主动参与产品或服务的设计、生产与消费过程，给他们形成良好的个人感受和体验，并基于这种体验建立对品牌的认同、信任和忠诚，最终使企业不仅实现产品销售的目的，还能获得高忠诚度的粉丝客户。

体验营销的应用场景

随着市场参与主体的逐渐增多，各细分市场已经趋于饱和，而其中的企业不仅面临产品、服务同质化的挑战，营销同质化问题也十分突出。如果企业普遍采用降价促销的营销方式，一味地打价格战，不仅会导致自身盈利能力严重下滑，更有可能破坏产业生态。

传统营销方式尤其注重达成交易结果，习惯用较强的诱导性内容让消费者购买，却忽视了营销的体验感，导致消费者体验不佳，使得消费者对广告营销存在严重的抵触心理。而在越来越多的零售企业陷入同质化竞争与价格战泥潭的背景下，零售从业者思考如何让目标群体在营销过程中获得更高层次的情感与精神需求满足，用极致体验促成转化，甚至让用户主动在社交圈内进行口碑传播是十分有必要的。这种情况下，体验营销模式自然就成为企业营销的宠儿，并将引领新一轮营销革命。

虽然很多企业的营销活动具有一定的体验营销特性，然而这种体验仅是简单地让消费者的视觉、听觉、触觉等感官体验需求得到满足，而不能在精神与情感方面对消费者产生影响，导致很难达成预期的营销效果。

体验营销的关键并非新技术或工具的运用，而是思维模式与营销理念的创新。体验营销强调以消费者需求为中心，在影响目标群体的多个节点采用同一主题，并实施营销策略，让消费者受到持续性刺激。在不同的购物场景中，企业均可以采用体验营销。

◆ 百货

百货业已经是一个相当成熟的行业，主要分布在城市的繁华商圈中，如今有相当多的商家仍在采用传统的以降价促销为主的营销模式。实际上，在百货业中也不乏一些体验营销的实践案例，但由于商家并没有采用同一主题设计系列营销活动增强用户体验，不能使消费者认可品牌所提倡的生活方式、消费理念、文化内涵等。

◆ 超市

近几年，超市业的竞争十分激烈，银座、家乐福、沃尔玛、上海华联等诸多超市品牌都在为拓展自身的市场份额而不断加大投资力度。从定位来看，超市为消费者提供的主要是大众消费品，品类齐全、价格优惠是超市的主要优势，所以，在营销推广时，国内超市主要就是在宣传单页上使用“打折”“积分兑奖”“全城最低”等方式吸引消费者，未能摆脱价格战的思维模式。

在消费者体验角度上，超市业为目标群体创造的体验与百货业并无本质区别，营销主题也主要是围绕节假日展开。大部分超市并未与消费者搭建双向沟通的渠道，仅是向消费者传递营销信息，以宣传单页的形式告诉消费者什么商品处于打折状态。虽然部分超市品牌会通过微信、微博等渠道与消费者沟通交流，分析消费者的购物需求等，但其目的是宣传某些品类的降价促销，很难真正发挥体验营销的巨大价值。

◆ 专卖店/品牌店

精准地目标群体定位、精心设计的门店布局、具有明确文化内涵与价值主张的品牌等，都使得专卖店在开展体验营销活动时具有先天优势。在中国零售市场中，以宜家、星巴克、无印良品为代表的海外品牌商在体验营销方面的实践值得我们借鉴。以星巴克为例，其致力于为顾客打造自由、社交化的第三空间，使得顾客在门店中能够体验品味生活、享受人生的文化理念。

很多品牌商虽然在门店内为消费者提供了优质商品与服务，满足了消费者的个性化需求，但在体验方面却存在较大短板，不仅营销场景中的灯光、背景音乐、产品陈列等不能突出主题，也没有能够让消费者产生认同感与归属感的品牌内涵，对服务人员的培训也缺乏足够的重视，而这些都会导致体验营销效果大打折扣。

◆ 购物中心

在周边配套方面，购物中心比上述几种零售业态更为完善，与当前快速崛起的泛娱乐产业具有较高的契合度。在购物中心中，消费者不仅可以购买商品，还能获得观影、餐饮、娱乐等诸多服务，这对于企业开展体验营销具有十分积极的作用。

部分国内购物中心的商业布局经过精心设计，使用国际通用的零售52%、餐饮18%、娱乐20%的比例招募品牌商，以让消费者在购物的同时，获得更多的乐趣。在购物环境和主题互动活动等方面，购物中心确实具有较强的领先优势，但消费者获得良好体验不能简单地依赖硬件，还需要氛围、文化理念、情感元素等软件的支撑，而后者正是国内购物中心的一大短板。

体验营销的落地实践

◆ 深入挖掘体验营销理念

在实施体验营销活动时，企业应该真正掌握消费者的情感与精神需求，针对不同类型的产品，采用差异化的营销方案，具体见表18-1。

表18-1　差异化营销的四大策略

产品类型	营销策略
竞争门槛儿较低的产品	将概念营销和体验营销相结合
竞争门槛儿较高且目标群体缺乏足够了解的新品	可以通过让消费者免费试用的方式快速打开市场
有较高知名度的产品	企业可以用认同感、归属感等情感体验赢得消费者认可
服务类产品	可以通过塑造定制场景让消费者获得前所未有的极致体验

◆ 树立顾客导向的全面体验营销观念

顾客体验是顾客在一个完整的消费过程中获得的一系列感受，要想让顾客产生有利于企业的体验，需要对营销活动的各个细节进行精心设计。

树立顾客导向的全面体验营销观念，是对营销细节进行把控的重要基础，它强调企业能够从顾客需求出发，思考如何通过体验营销活动为顾客创造价值，引导顾客积极进行交流分享，在提高顾客满意度的同时，达成预期的营销目标。

◆ 制定体验营销战略，实现体验营销立体化

战略规划决定企业的长期发展方向，体验营销是企业战略体系中的一项重要组成部分。企业需要对体验营销战略的制定给予高度关注，通过体

验营销时间的持续化与空间的系统化，实现体验营销立体化。

比如，在时间维度上，不仅要确保体验营销的单次体验，更要追求体验的长期稳定性，通过同主题的系列体验营销活动，强化顾客感知，确保达成预期营销效果。

◆ 实现体验营销的网络化

移动互联网、物联网、人工智能等新一代信息技术的快速发展，为企业更好地开展体验营销活动奠定了坚实基础。借助智能手机、可穿戴设备等硬件设备，辅以 AR/VR 等技术打造的软件系统，能够让消费者获得前所未有的极致体验，在消费者心中留下深刻印象。网络化的体验营销也将打破时间与空间的限制，持续性地刺激并引导消费需求，从而给企业带来更高的利润回报。

◆ 实施营销的组合策略

实施营销的组合策略可以帮助企业利用多个触点提高用户体验，见表 18-2。

表 18-2　组合营销提高用户体验的三大触点

触　　点	具体策略
品牌	企业可以提炼品牌文化内涵与价值主张，在满足用户心理需求的同时，提高产品的溢价能力
价格制定	可以让用户参与价格制定，在确保盈利的前提下，为用户提供符合其心理预期的价格区间
销售	通过为用户提供新品免费试用、参观企业总部等奖励，吸引用户向朋友圈的好友推荐

◆ 体验式营销的实施步骤

虽然消费者在体验营销活动中获得的是一个整体体验，但各个环节都会对整体体验产生影响。为了确保最终的营销效果，企业需要从消费者需求心理角度考量，真正了解消费者需求，并定制设计营销方案。具体来看，体验营销的实施步骤包括以下几步，如图 18-2 所示：

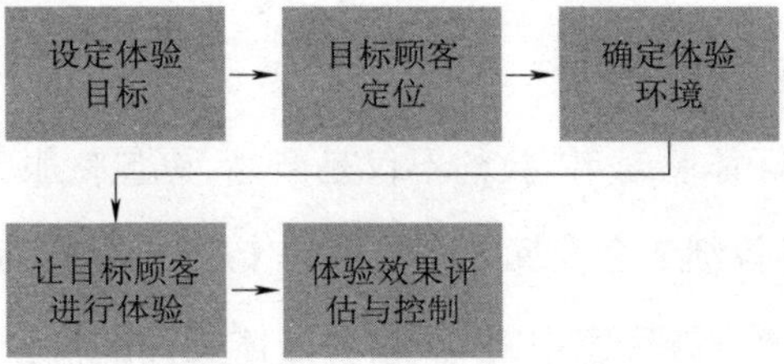

图 18-2　体验营销实施的五大步骤

(1)设定体验目标

在策划体验活动前，企业应该对体验活动有一个整体的规划，确定体验营销要达成的体验目标，给目标群体创造何种价值，产生怎样的营销效果等。在目标的指引下，后续工作才能得以顺利开展。

(2)目标顾客定位

目标顾客定位的精准性，直接决定体验营销能否取得预期效果。在消费持续升级的背景下，人们的购物消费变得愈发个性化，如果不能精准定位目标群体，很难为其带来良好体验，更不用说促使其主动进行口碑传播了。

传统工业时代，在对目标顾客定位时，企业通常是借助发布调查问卷或直接根据产品开发人员的经验。而进入移动互联网时代后，自媒体的崛起以及各类垂直 App 应用的大量涌现，使企业能够更为精准地获取顾客数据，从而实现对目标顾客的精准定位。在实践中，营销从业者需要积极借助新技术与新工具，提高顾客定位的精准性，确保精准推送营销内容。

(3)确定体验环境

体验环境无疑会对体验效果产生关键影响，在不同的环境下，人们对同样的营销内容产生的感受是有所不同的。为了确保达成预期体验目标，企业需要思考顾客应处于何种体验环境，并结合这种体验环境制定营销方案。

(4)让目标顾客进行体验

目标顾客实际体验时，体验的不仅是产品，更包括服务，营销人员的耐心讲解、真诚沟通等细节会发挥十分关键的作用。当然，有些体验营销活动是将产品通过快递到顾客家中，让顾客自己体验，此时，企业可以为顾客提供产品使用详细说明或拍摄使用流程短视频，以便顾客获得更好的产品体验。

(5)体验效果评估与控制

体验效果评估与控制是体验营销活动非常重要的环节。由于顾客体验的复杂性，体验营销活动刚实施时，可能存在一些问题，为了及时解决这些问题，就要进行体验效果评估与控制，使企业能够对体验营销活动进行不断优化调整，达成促进转化甚至是实现口碑传播的预期营销效果。

此外，在实施体验营销活动时，营销人员还需要注意以下四点：

- 真正做到以顾客为中心，围绕顾客需求开展体验营销活动；
- 使营销内容和营销目标保持一致，控制营销内容的规模及体验环节的复杂性，优化目标顾客体验；
- 制定备用方案，遇到突发状况时，及时启动备用方案；
- 控制营销成本，不能因为营销活动而影响企业的正常运营。

宜家如何玩转体验营销

随着我国对外开放水平的不断提高，越来越多的海外零售企业涌入中国市场，凭借先进的经营理念和营销模式迅速站稳脚跟，不断抢占更多市场份额，从而对国内零售企业造成了巨大的冲击和挑战。同时，很多国外零售企业也已经或正准备利用全新的体验营销策略进一步增强零售经营能力，不断优化整体消费体验，提高顾客满意度和忠诚度。

面对日益惨烈的零售市场竞争和海外零售企业的强力挑战，我国零售企业也在积极探索更合理有效的经营管理策略，如学习借鉴国外先进零售巨头的细节管理方法，通过细节管理为顾客提供更贴心、更人性化、更个性的服务，借此获取更大效益。

在消费升级和体验经济盛行的大环境下，体验营销已经逐渐成为吸引和留存消费者、获取更大效益的营销利器，自然也受到我国零售企业的高度关注和青睐。然而，体验营销作为一种全新的营销思维与模式，能够真正对其合理有效运用的国内零售企业还不多。

下面以家居零售巨头宜家为例，分析企业应如何有效运用体验营销策略，从而为我国零售企业开展体验营销提供借鉴和启发。

首先，成功的体验营销活动离不开优秀管理的支持。企业管理到位，就能够为消费者参与体验营销活动提供各种便利，节约时间，优化消费者的整体购物体验。比如，宜家在全球各个分公司的一项主要工作就是通过良好的管理系统和机制，将宜家卖场打造成一部自主运转的高效销售机器，为每一个消费者的参与体验提供最大程度的便利，让消费者获得舒适愉悦的购物体验。

宜家只用了短短60年时间便迅速成长为全球家具家居零售巨头，不仅构建出领先对手的核心竞争优势，还依托独特的体验消费模式成功抵挡住电子商务的巨大冲击和挑战，当前已在全球几十个国家和地区开设了300多家卖场。

国内很多家具卖场一般不允许消费者体验产品，与此不同，宜家工作人员会鼓励消费者去接触、试用和体验商场中的各类产品，让消费者切实感受产品的高质量，从而在良好的试用体验中有效激发消费者的购买欲望。

这种鼓消费者客试用的背后体现的是宜家对自身产品质量的高度自信：宜家所有的家具家居产品都是经过严格的质量测试的，达到国际标准后才进入商场售卖，其中最吸引人的内容是宜家模拟真实生活使用场景对产品进行的破坏性测试。以橱柜为例，从进入卖场开始就会接受测试机的测试，橱柜的柜门和抽屉会不停开关，旁边的数码计数器则向消费者显示柜门和抽屉可以承受的开关次数。

破坏性测试向消费者充分展示了产品的经久耐用性，使宜家产品在消费者心中留下设计精美和品质过硬的良好印象。当然这也对产品品质提出了更高要求，否则消费者在试用体验过程中产品出现损坏，反而会破坏宜家塑造的优质优价的品牌形象。

此外，宜家商场不仅会向消费者提供商品的全方面信息，帮助消费者做出更合理的购买决策，还设置了儿童乐园等配套设施，当消费者有需求时可以暂时将孩子交给专门人员照看，以便可以更好地在宜家卖场购物。此外，宜家还提供送货上门和免费退换货服务，如果消费者对所买的宜家产品不满意，60天内都可以进行退换。

随着零售市场竞争愈发激烈以及体验消费时代的到来，零售企业必须转变以往的营销思维与模式，积极培育以消费者体验为中心的体验营销思维，及时准确把握消费升级背景下的市场需求变化，并结合自身产品特质采取合理的体验营销策略，充分满足消费者多层次、个性化的体验诉求，获得消费者的认同、信任与忠诚，从而为后续的各种商业化动作奠定坚实的客户基础，拓展更大的价值想象空间。

从本质上来说，企业在经营产品或服务的过程中，从消费者的立场出发对自身运营进行调整，并致力于为消费者提供满意的消费体验，即为体验经济。尽管消费者的消费能力不同，但从精神层面的角度分析，所有消费者都应该获得相差无异的体验，满足自身的情感需求。宜家之所以能够从众多家具企业中脱颖而出，就是因为大多数家具企业聚焦于产品本身，而宜家专注于消费者的消费体验。在具体经营过程中，宜家还会从消费者的角度出发考虑问题，根据消费者房间的大小、整体风格及布局为其提供产品购买意见。

因此，在家居行业中，采用体验营销战略的终端企业在产品推广环节需突破传统思维模式，根据目标消费者的家庭组成、所属行业等因素，并结合家居用品的风格设计、保养方法等，在宣传海报中体现自己的创新思维，引起消费者的情感共鸣，通过为消费者提供独特的体验提高产品销量，并促使用户自发参与产品与品牌推广过程，从而带动企业的发展。

第十九章

口碑制胜：塑造品牌口碑的四步法

步骤一：策划口碑传播的引爆点

引爆点，即产品能够引发用户的尖叫、吸引人们广泛关注的卖点。由于引爆点对于品牌口碑的塑造具有极为重要的价值，所以，营销人员首先需要策划引爆点。在策划引爆点方面，小米的做法值得国内企业借鉴。

通过进行产业链重构，创业初期的小米将手机的性价比做到了极致，从而快速积累了一批种子用户，帮助品牌实现了大规模的传播推广。

在硬件方面，小米采用了与苹果相同的供应商提供的硬件，经过市场主流跑分软件的测试，当时小米的表现甚至在某些方面超过了苹果。当然，小米吸引用户的并非仅是跑分软件的测试分数，最为关键的在于其超高的性价比，接地气的价格让学生及刚上班的白领都可以轻易购买。

通过抓住软硬件配置、性价比这两大引爆点，小米使自身的品牌知名度快速提升，并沉淀了一批忠实粉丝。近几年，小米在市场中的表现有所下滑，除了华为、魅族、vivo 等竞争对手对市场份额的争夺外，因为产品质量等问题导致口碑下降也是一个不容忽视的因素。

那么，如何才能创造一个吸引外界广泛关注的引爆点呢？企业推出引爆点的目的是吸引用户，所以，设计引爆点也要基于用户需求展开，对用户想要什么、通过什么渠道获取、在什么时间获取等都要进行深入分析。在策划引爆点时，企业可以从以下几个角度进行：

◆ **学会讲故事**

硬性广告很容易引起人们的反感，但那些经典的产品或品牌故事却能够流传几十年甚至上百年，所以，营销人员不妨考虑用品牌故事作为引爆点。在做好产品功能及品质的基础上，配合引人入胜的传奇故事，往往能够塑造具有极高美誉度的优秀品牌。

故事是充实口碑最好的材料，企业、品牌在发展的过程中总会出现很多经典故事，这些故事能有效增强品牌的说服力，让品牌的口碑种子更加充实、饱满。利用这些故事开展口碑传播，能有效提升企业及品牌的美誉度。品牌故事彰显了企业对产品质量的重视程度，能够成为人们口耳相传的佳话，因此，借这些故事开展口碑营销必能取得极好的效果。

◆ **真诚的情感**

事实上，深受儒家文化影响的中国消费者，很容易被真诚的情感所感动。如果企业能够在服务消费者的过程中，让消费者感受到温暖、重视、尊重等，很容易激发他们的购买及传播欲望。因为当我们接受他人的帮助和关怀后，为了消除内心的愧疚感，我们会尝试给予他人回报。

在国内家电产品质量饱受质疑时，海尔创始人张瑞敏通过砸冰箱震撼了消费者，让人们对海尔产品质量有了足够的信心；当海底捞的顾客想要打包带走几块西瓜时，门店负责人让服务员免费送给顾客一个完整的西瓜。诸如此类的企业行为怎能不让消费者感动？怎能不让他们主动进行口碑传播呢？

◆ 给消费者真正的实惠

在交易过程中，不仅是企业想要实现价值最大化，消费者亦是如此。如果能够满足消费者的利益诉求，帮助他们降低购物成本，让他们获得更为完善的售后服务等，自然会赢得消费者认可与信任。

京东能够在亚马逊等海内外电商巨头的冲击下存活下来，除了可靠的品质保障外，便捷高效的物流体验，送货上门、上门维修等售后服务也给消费者带来了良好的购物体验，在平台的发展中扮演了十分关键的角色。

步骤二：口碑传播的内容设计

企业的营销内容要想吸引人们的关注及传播，本身应该有一定的话题性，口碑营销也是如此，所以，在实施口碑营销过程中，首先需要对营销内容进行系统而完善的设计。实践证明，结合以下几点要素的营销内容往往能带来良好的传播效果。

◆ 借势

就像风口上的猪都能起飞一般，结合热点的营销内容也非常有利于传播推广，很多富有想象力与创造力的营销人员甚至能够利用竞争对手实现口碑传播。

美国一家小型唱片公司因为涉嫌侵犯著作权而遭到行业巨头起诉，在短时间内受到了广泛关注。该公司营销人员发现这次事件对公司也是一个很好的营销机遇，于是该公司雇了专业律师跟行业巨头对簿公堂，并召开新闻发布会对此次事件进行广泛传播。虽然前两次企业皆以败诉告终，但该公司坚持上诉，维护自身及持有该作品版权的音乐人的权益，最终双方达成诉讼外和解。

通过借势，这家小型唱片公司获得了广泛关注，不但得到消费者的认可，很多音乐创作者也因为该公司对创作者权益的重视，而放心地将自己的作品交给其运营。

在饮料巨头可口可乐面前，百事可乐在发展初期也遇到了一系列阻碍。在竞争的过程中，可口可乐曾讽刺百事可乐没有底蕴、缺少历史与文化，并利用多种营销手段向消费者传递可口可乐品牌的“老”，以衬托百事可乐的“新”。毋庸置疑的是，这种营销手段确实能够让消费者认识到可口可乐是一家更值得信赖的饮料品牌。对处于初创阶段的百事可乐而言，采用大规模的广告战跟可口可乐正面对抗并非明智之举，百事可乐的市场运营团队经过深入分析，决定从可口可乐的“老”和百事可乐的“新”的对比中入手，为百事可乐打造广受消费者认可的品牌。

百事可乐在广告内容中使用了“新一代的可乐，新一代的选择”的口号，将自己的品牌和时尚潮流的年轻群体结合起来，可口可乐开展的营销活动反而使百事可乐的“新”更为显著，使更加强调个性的年轻消费者更倾向于成为百事可乐的忠实粉丝。

◆ 利益

人们在日常生活中明显会更加关注那些与切身利益相关的事物，所以，如果企业的营销内容能够跟目标群体的利益相结合，自然容易实现大范围的传播推广。

美国某家食品制造商为了应对同质化的竞争对手，推出免费派送活动吸引人们的关注，这种做法确实为该企业赢得了大量顾客，但也被竞争对手举报为不当竞争。在监管部门的调查中，由于此前这家公司免费为消费者派送食品的做法在广大消费者心中树立了良好形象，得到消费者的广泛支持，很多消费者在媒体上声援该企业，甚至部分消费者组织上街游行，以抗议监管部门的调查活动。

虽然最后监管部门下令该食品制造商不得再推出免费派送活动，但该企业已经成功地提高了自身的品牌知名度与影响力，为企业赢得了一批忠实用户。

◆ 新颖

口碑营销需要让营销内容在短时间内实现大范围推广，而为了确保消费者能够认可营销内容，必须对营销内容进行创新，以便与竞争对手实现差异化竞争。自媒体时代，信息规模以几何倍数保持快速增长，人们对传统广告已经产生了严重的视听疲劳，只有富有新意的内容才能吸引人们的关注及传播。

海尔总裁张瑞敏砸冰箱在当时引发了国内消费者的广泛热议，在消费者心中留下了海尔产品质量过硬的良好印象，虽然此后还有很多企业采用类似的营销手段，却难以达成预期效果，这是因为在新生事物层出不穷的当下，人们对缺乏新意的营销方式丧失了兴趣。

买赠结合是零售业常见的营销策略，但因为同质化问题，这种营销策略的促销效果也越来越差。然而在几个世纪前，早期的买赠结合策略为企业创造了巨大价值。

16 世纪的英国某小镇葡萄大丰收，产量比平均水平高出 57%，但丰收对当地的果农并非一件好事，因为需求量相对有限，这种大丰收导致葡萄价格非常低，而且因为交通不便、运输效率低下等，大量的葡萄只能烂在果园里。为了解决这一问题，一个葡萄种植大户从外地购入了一批苹果，然后推出了购买葡萄可以免费获得苹果的促销活动。

因为产量较低，苹果在当时的英国属于一种奢侈品，再加上该小镇距离苹果产地较远，运输成本较高，苹果价格更是居高不下。在推出买葡萄送苹果的促销活动后，因为苹果的稀缺性，很快在小镇居民间实现了口碑传播，这个种植大户的葡萄几天就被抢购一空，获取了相当可观的利润，与其他农户的严重亏损形成了强烈的对比。

步骤三：选择合适的传播渠道

企业要塑造品牌口碑，仅有引爆点是完全不够的，还需要合适的传播渠道。口碑营销需要通过人们在社交圈内的传播分享实现扩散，但由于不同的用户群体习惯使用的媒体、聚集的网络社区、传播信息的方式等也有所不同，比如，很多老年人仍习惯使用报纸、广播、电视获取信息，所以，营销人员在策划口碑营销时，应该分析目标群体的个性化需求，根据目标群体的特性选择合适的传播渠道，比如，对于老年人群体，传统媒体渠道效果更佳。

具体来看，口碑营销采用的主流传播方式包括以下三种：

◆ 口耳相传

传统媒体时代，口碑传播主要就是利用人们在各种线下场景中的口耳相传。

在春秋时期，齐国人郑耳开了一家郑氏客栈，这个店主心地善良，对那些落难的人及时伸出援助之手，不但想办法为没钱住店的顾客提供住宿，而且还为他们提供路费，这种做法使客栈有了极高的美誉度，不但被齐国民众了解，周边列国都知道这家客栈的存在，因此，即便在淡季，该客栈的生意也异常火爆。

如今，口耳相传仍不失为一种有效的传播方式，比如，美国波士顿的某家诊所没有像同行业竞争对手一般在报纸、杂志、互联网等各种媒体上大规模投放广告，而是为那些因为经济能力不足而未能在其他医院中得到救治的病人提供医疗服务，病人可以根据自己的经济情况支付医药费。不过，医院给这些病人提出的额外条件是，每周要真诚地向四个人推荐这家医院。

刚开始时，大量贫穷的病人集中涌入，医院收入明显下滑，接连几个月处于亏损状态。然而半年后，很多人慕名而来，政府官员及社会名流也多次在公众场合为这家充满爱心的医院站台，由此不但使这家医院获得了丰厚的利润，也在广大民众心中建立了强大的品牌影响力。

当然，能够让营销内容实现口耳相传，还需要以可靠的产品及服务为保障，让消费者获得良好的购物体验。与此同时，结合为传播者提供小礼品、代金券等物质奖励提高他们的积极性，能够进一步确保营销内容实现快速传播。

◆ 传统媒体传播

虽然如今电视、报纸、杂志等传统媒体的影响力被极大削弱，但对很多中老年群体而言，传统媒体仍是获取信息资讯的有效途径。此外，结合对目标用户的分析而进行的广告投放，比如，投放在《中国好声音》《奔跑吧兄弟》等热门综艺节目上的品牌广告，也往往能够取得不错的传播效果。

为了取得良好的营销效果，企业在传统媒体平台进行传播时还可以采取具有创意的营销策略。

某地一家大型购物中心制作了两套厚重的盔甲，并招募能够穿上这种盔甲的人员，如果满足相关条件，将获得20万元的年薪，招聘信息被发布在网络后，迅速吸引了多家媒体的关注，多名记者前往现场拍摄照片并采访负责人。虽然也有一些应聘者，但因为盔甲对身体条件的诸多限制，最终也没有人成功应聘。但这种做法使购物中心的知名度得到大幅度提升，使商家仅用不足千元的成本就取得了此前投入几十万元都无法取得的营销效果。

◆ 新媒体传播

作为移动互联网时代的主流传播业态，新媒体传播在企业营销推广中扮演的角色非常关键。因为大量的年轻人更热衷于聚集在各种网络社区，在意见领袖的引导下，交流分享社群成员感兴趣的信息。

所以，企业在通过网络传播营销内容时，可以尝试与意见领袖合作，邀请意见领袖免费体验产品及服务，并在社群中分享产品体验，从而引发社群成员的传播及购买。

步骤四：口碑舆情的实时监测

口碑监测，指的是在发布了营销内容后，对传播情况、用户口碑等进行观察，以确定最终能否取得预期营销效果。口碑监测的侧重点包括两大类：其一是数据，比如，统计点击量、评论量、转载量等指标；其二是舆论走向，营销内容在传播过程中，如果不加干涉，可能因为负面信息泛滥（出现这类情况的因素包括信息不对称、竞争对手的恶意中伤等），给企业形象带来严重的负面影响。

在面对负面舆论时，企业不妨借鉴以下思路：

- 如果负面舆情来自竞争对手的恶意攻击，那么企业必须及时通过官网、官方微博等途径发声，让消费者了解真实情况；

● 如果负面舆情是因为信息不对称造成的误解，比如，产品加工工厂的卫生问题，那么企业要在第一时间内向消费者说明情况，在不泄露商业机密的情况下，甚至可以使用视频直播消除误解；

● 如果负面舆情是因为企业自身的原因导致产品质量出现问题或服务体验不佳，企业首先要承认自己的错误，并承担这些问题带来的后果；与此同时，要制定有效的解决方案，并邀请广大用户监督。

在实施口碑营销的过程中，企业还需要对以下几点给予高度重视：

(1)引爆点是一种外力，必须要做好产品和服务

做好产品和服务是形成良性口碑的关键所在，国际市场的顶级品牌之所以能够基业长青，并非因为善于运用各种营销手段吸引消费者关注，优秀的产品及服务才是企业长期生存的根基。海尔的“砸冰箱事件”之所以成为引爆点，也是由于海尔的产品质量过硬才能让人们持续关注，否则不但可能无法形成良性口碑，还会导致负面舆论泛滥，加速企业灭亡。

(2)口碑要与品牌结合

能够将品牌融入优秀的创意及服务中，才能让企业通过口碑营销获得较高的商业价值。如果消费者获得了超乎预期的极致服务，却不知道这种服务是什么品牌提供的，无疑意味着企业营销的失败。

(3)切忌胡编乱造引爆点

在竞争异常激烈的市场中，部分企业为了博人眼球而无所不用其极，甚至通过欺骗消费者吸引关注和流量。

企业应该明白的是，进入移动互联网时代，信息传播渠道垄断的局面已经被打破。以前，企业欺骗消费者可能很难被发现，如今，消费者能够通过各种媒体渠道实时获取相关信息，企业编造的虚假信息很容易被识破。同时，即便通过欺骗消费者实现销量增长及品牌知名度提升，这种发展模式也难以为继，在消费者主导的新消费时代，丧失消费者信任的企业只能走向灭亡。

第七部分

数字化财务管理

第二十章

智能财务:企业数字化转型的基石

智能财务:企业财务数字化转型

由于当下大数据、AI、云计算等数字技术的迅猛发展,企业的数字化转型也势在必行。财务作为企业运营中的关键环节,也要和企业的业务、技术等互相联系,共同进行数字化转型,从而为企业发展的智能化添砖加瓦。

根据互联网数据中心对数字化转型的定义,数字化转型是借助数字化技术和能力更新企业商业模式和商业生态系统的一种方式。而借助数字化技术和能力对财务工作的转型就是财务数字化转型。为了使企业的业务、管理、经营、决策得到优化和完善,提高财务的数据质量和运营速率,借助大数据和云计算等技术重新构建业务组织、再造业务流程,不仅是十分有必要的,而且对企业的发展也是极为重要的。

财务的数字化转型能否成功,首先取决于相关数据的真实性、完整性、实时性和有效性。因为财务的数字化转型既需要衡量包括企业总体的产业升级、财务管理高效能发展、新 IT 技术的技术基础等在内的可行性条件,也要涉及财务战略、组织结构、职能定位、人力资源、操作流程等各个方面。

企业要实现财务工作的智能化升级就必须进行数字化转型,数字技术构造的数据基础、组织基础、技术基础则是实现智能财务的必要条件。企业的财务工作之所以需要转型，初始目标是提高会计信息质量和加强管控能力，从而持续提高会计核算效率。所以，在财务转型的初级阶段，转型的主要对象是以会计集中核算为基础的财务共享服务中心。

随着数字技术的广泛运用，财务共享不但融合了连接、共享、协同和数据中台的理念，更是运用 RPA 技术，提高了财务共享服务的效率，一步步构建出智能财务的应用雏形。

随着数字技术的发展，财务数字化转型也从财务共享服务平台向综合采购、人力、信息、税收等的大共享平台转化，并与管理会计工具相协调，提升企业财务在数据、算力、算法等各方面的能力。数据中台作为企业财务数据的采集与转换中心，能够将前台业务、后台业务、决策进行分离，从而提供高品质的数据服务。

此外，人工智能技术被不断地引用至数据中台，智能财务也随之不断向前发展，但初期所能够实现的仍然局限于弱人工智能水平。若想应用强人工智能技术，则必须提高效率并积累足够多的数据，对人工智能的应用场景进行创新。

企业要顺利达成财务数字化转型，实现智能财务，既要合理应用数字技术，也要改变原有的组织架构、业务流程和集团管控模式，更不能忽略在思维理念和企业文化上的革新。

数字化时代的财务管理创新

数据资产在数字经济时代是举足轻重的生产要素之一，所以大部分渴望创造并获取经济价值的企业或组织都会把数据资产作为财务管理的重要部分。

企业在进行数字化转型的过程中既要革新经营理念，也要改变组织框架，还要转变企业文化，因此，所有员工都应该具备数字化思维。现在，优秀的企业已经把充分并合理地利用数据价值作为财务转型的指标。

数字时代的财务管理与以前相比发生了很大的转变，在系统方面，以前是独立的信息系统，现在是与外部市场经营的各数据单元互相链接的数字化系统；在思维方面，以前是信息化的管理思维，现在是以市场需求为重的数字化思维。

在业务经营、管理活动与数字技术相融合的当下，企业的财务工作要及时改变或完善观念、方法和技术，加快财务革新的脚步，建立全新的财务会计管理模式和体系，使用新型的财务会计管理方式。

企业财务主要从以下六个方面进行升级创新，如图 20-1 所示：

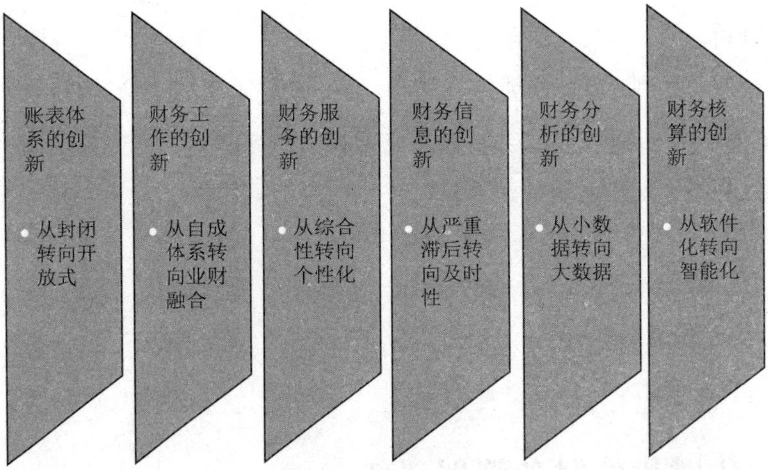

图 20-1 企业财务创新的六个方面

◆ **账表体系的创新：从封闭转向开放式**

传统会计依据会计基本等式形成的封闭账簿体系一直沿用至今，但在区块链技术发展后，在数据记录上会计账表体系将会截然不同，区块链将作为一个共享的账本和数据库存储数据信息。

区块链技术能够以牢固的信任基础、牢靠的合作机制和欣欣向荣的发展前景为会计账表体系的革新提供技术上的支持，使得储存于区块链中的数据信息具有不可伪造、全程留痕、可以追溯、公开透明、集体维护等特点。

◆ **财务工作的创新：从自成体系转向业财融合**

在传统的财务管理体系中，财务和业务两者呈现互不联系的状态。进入数字化时代后，财务管理融合数字技术，使财务和业务二者有了更加密切的联系。传统的财务管理是静态管理，而数字时代的财务管理是动态管理，需要在处理业务的前、中阶段进行业务核算。财务工作的创新应以主动开放的姿态推进业务经营的快速成长。

◆ **财务服务的创新：从综合性转向个性化**

传统的财务服务对用户和对象不做详细区分，大多是通过定期提供财务报表的方式进行服务。但数字时代财务服务的思想是以人为本，通过创新满足不同用户的个性化需求，这就对企业搜集利用财务信息的能力提出了更高的要求。

◆ **财务信息的创新：从严重滞后转向及时性**

在传统财务管理模式中，财务报表的编制是无法在系统中及时、完全地呈现企业的现金流情况以及经营成果的。但在数字时代财务信息可以及时传达，能够使财务报表在呈现企业现金流的情况时更具及时性和参考性。而财务信息是否能够辅助企业进行及时的会计核算，满足企业管理者的决策需求，主要取决于财务信息是否能够做到及时性创新。

◆ **财务分析的创新：从小数据转向大数据**

传统的财务分析所使用的数据和资源大多来自企业自身的系统，几乎不涉及对企业外部环境数据和资源的挖掘、采集和分析。但数字时代的财务分析不仅需要利用企业内部的数据和资源，还需要从所在行业、政府机构、主管部门、行业对手等企业外部环境中寻求资源和数据进行分析，基于内外部丰富的大数据资源实现创新。

此外，在合理合法的先决条件下，企业财务还应该借助多种技术方法，通过各个渠道搜集和整理各类与财务有关的数据信息。

◆ **财务核算的创新：从软件化转向智能化**

财务核算的创新主要指的是将个体所从事的财务工作和智能机器人做的财务工作进行区分。

借助人工智能技术处理庞杂的会计证据收集和核对等工作，一方面可以帮助财会人员更加快速地对大量收支业务进行有效分析，提升财务工作的速度，完善制定决策的流程，提升财会工作的灵活性和针对性，防止个体的主观判断对工作产生影响，减少误差；另一方面，也能够对财会系统中各个环节的收支业务活动进行实时监控。

综上所述，数字技术的发展，推动了企业财务会计的转型、升级和创新。未来，企业财务也要在合理合法的前提下，充分利用跟随数字时代而来的财务工具继续进行创新，发挥财务工作在企业发展中的价值。

企业财务数字化转型的难点

由于财务环节与企业的运营息息相关，因此，企业财务的数字化转型也往往面临一系列困难，主要表现在三个方面，如图 20-2 所示：

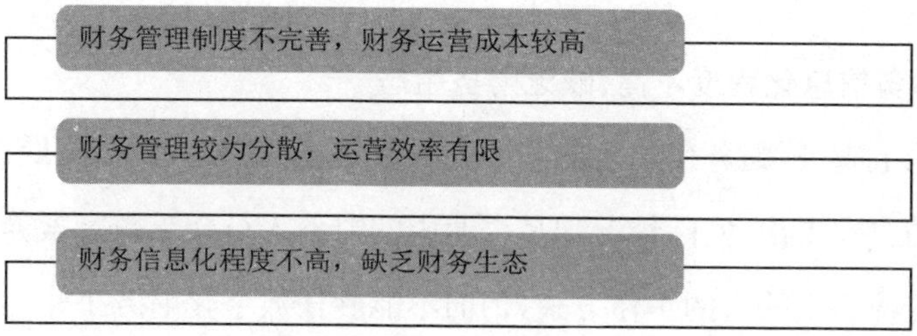

图 20-2　企业财务数字化转型的三大难点

◆ 财务管理制度不完善，财务运营成本较高

对企业的财务工作进行梳理不难发现，为数不少的企业财务管理制度不完善，从基本的财务部门配置到内部监督和成本控制等流程均可能存在权力分散和缺乏监管的情况。

传统的财务核算方式通常采用人为核算，与智能财会相比，传统的核算方式具有风险高、成本高的缺陷，在市场竞争日益激烈的环境中既不能满足企业高频的迭代需求，也难以在制度下保持有序运行。

◆ 财务管理较为分散，运营效率有限

在许多企业管理者的思维中，财务部门只需要与税务机关和银行来往，并处理核算这项单一的工作，这些对于财务部门长久忽视的企业往往也难以拥有突出的财务管理能力。

模块化和分散化的财务管理模式具有依赖性和附属性，不但难以起到应有的作用，更有可能对企业的数字化转型产生消极影响。这种模式下的财务部员工成了纯粹的账务人员和后勤保障人员，财务决策的效率大大降低，而企业则无法建立前台、中台、后台互相联系的管理系统，更难以对产业链上游和下游的资源进行有效整合。

◆ **财务信息化程度不高，缺乏财务生态**

理论上来说，财务信息化能够提高财务信息的应用效率，降低在财务管理方面的成本支出，实际情况却是企业中的财务人员缺乏数字素养，难以做到改变传统手工账目的工作方式，仍旧不能胜任数字化财务工作。

部分企业的财务部门往往还要兼顾行政和法务部门的工作，不仅无法保质保量并按时完成在财务核算方面的本职工作，在面对突如其来的税务检查时，还可能存在糊弄了事的情况。正是因为财务部门和人员的职能分工模糊，直接造成财务人员的专业素养不达标，无法配合企业的战略布局。

企业财务数字化转型的方向与路径

◆ **企业财务数字化转型的方向**

马斯洛的需求层次理论把人的需求像金字塔一样分为不同的层级，对人的不同需求进行阐述，其实对应到财务上，合规、安全、高效、智能就是财务的需求层次，以此为基准的财务数字化转型要围绕以下六个方面展开，见表 20-1。

表 20-1 企业财务数字化转型的六个方面

转型策略	具体内容
核算全面共享	核算全面共享是由采购付款、费用报销和销售收款三部分组成的一种财务模式，它将共享中心作为财务数据的工厂，把各处报账、付款、记账等业务集中起来进行高效的核算和处理
资金全面在线	系统在共享中心完成记账后会把付款界面发送至资金系统进行线上实时处理，这种方式使资金的管理变得更加安全便捷，成为企业风险预警、资金分析等环节的保障
财报自动编制	企业进行财务数字化转型后将借助月结驾驶舱、SAP、财务报表机器人等技术工具对报表进行核算，大大提高财报编制速度和月结效率
业务财务融合	业务和财务之间是互相协调配合的关系，业务可以对财务起到促进作用，通过业务系统推进财务对业务数据的在线自动化核算；财务也可以对业务起到支撑作用，让财务人员脱离基础核算工作
决策支持智能	智慧财务管理平台有智慧分析、智慧资金、智慧核算、智慧税务、智慧监控、重点项目管理等多个模块，能够大范围搜集数据，并将其运用于数据建模和数据智能，帮助企业管理者参照数据进行决策
风险集中管控	财务风险管控平台能够做到将风险可视化并进行自动预警和跟踪反馈，全盘掌控企业在成本、税务、资金、营销和商务等各个环节中的风险

◆ 企业推进财务数字化转型的维度

企业可以从以下四个维度进行财务数字化转型以变更企业财务模式，为企业的商业模式带来新的发展，见表 20-2。

表 20-2　财务数字化转型的四大维度

维　　度	具体策略
实现财务与业务的深度融合	企业可以对业务场景进行及时追踪，融合业务和财务两方面的数据，对业务进行预测、分析和复盘，创建以不同场景、人员和合作方为中心的财务分析体系，从而迅速发现历史财务数据中的错漏，规避风险，为企业的业务发展保驾护航
资源的高效整合	在没有数字化技术作为支撑的前提下，企业难以对内部包含人力、财力、物资、信息技术、管理、可控市场等庞大的资源库进行高效整合，也无法快速提升企业的内部效率。而在数字化技术的支持下，企业可以借助数字化财务管控建立数据智能化、资源可量化的财务体系，对企业内外部的财务和业务方面的资源和数据进行统一整合和共享，做到在降低成本的同时获取丰厚的回报
财务流程的自动化、智能化与体系化	企业借助财务机器人和财务分析模型等数字化财务工具能够对关键财务数据进行实时分析和比较；并且在进行自动化财务分析时可以将核心业务流程和核心风险作为参照物，构建集自动化、智能化与体系化于一身的财务模型
打造智慧财务生态链	通过将内部和外部的资源统一进行整理，能够构建企业内部财务和外部合作伙伴之间的智慧财务生态链、价值链和供应链，以互帮互助、合作共享、互惠互利的姿态推动整个行业生态体系的发展

第二十一章

财务共享:数字技术赋能财务转型

技术赋能:重塑财务三大边界

随着数字化技术的革新与发展,社会经济的各个方面得到了相应的优化和提升,财务的处理方式以及管理模式也受数字技术的影响,发生了前所未有的转变。政策层面的监督管理、技术层面的实践运用以及企业管理方面的新需求,都对传统的财务共享运营模式提出了新的期望,财务共享运营和管理模式的革新势在必行。

财务共享中心的职能不应该再局限于单一的标准化核算,而需要拓展至整体的财务转型以及管控赋能等多个方面,并使财务共享的内容不断丰富,财务共享的边界不断外延。

◆ 重塑管财边界

管理会计指导下的财务管理,是新时代财务共享自我革命的结果,也是传统财务共享基于新时代科学技术而进行的推陈出新。而重塑管理会计与财务共享的边界,则是财务共享进行新陈代谢的最根本动力。

近些年来,财务共享大热,但无数曾对财务共享抱有美好希冀的企业,在切身体验后却大失所望。畅想中的财务转型并没有如期而至，他们的财务共享中心似乎只是一个简单的集中办公点，并没有什么实质上的转变。面对这样的情况，很多企业开始反思，尤其在体验过转型初期的真实情况后，他们有理由相信：财务共享中心的建设过程不是一个简单的复制粘贴过程，必须立足于企业实际，考虑管理过程中的真实需求，将管理会计与企业的具体流程相结合，进行一个整体性的规划和布局，否则财务共享的转型将只是痴人说梦。

财务共享是企业管理会计的基础，在整个企业财务管理体系中承担着不可替代的职能和作用，它如同横跨东西的桥梁，一边连接着需要具体落实的财务共享流程、规则和主数据的管理意图与要求，兼具汇报价值数据、支撑管理者在管理过程中所需要掌握的数据信息的功能；另一边则作为企业下层基础财务核算的数据来源，在保证数据价值性的基础上进行自动生成，核算账务信息。

管理会计思想与财务共享的融合，能够依据具体形势的变化，在关键时刻为企业提出方向性的指导建议。而如何将管理会计思想与财务共享的具体流程相结合、将管理会计能力与财务共享的系统相结合，则是管理会计思想融入财务共享系统的关键。企业需要在两者的不断磨合中根据实际情况进行及时、准确的分析和评估，以确保在商业环境的不断变化中始终留有可以转圜的余地。

将管理会计思想与财务共享进行融合，对财务共享中心的影响不容小觑，无论是财务共享中心的业务范围还是职能范围，都在这个融合的过程中拥有了更大、更多的可能性。

◆ 重塑业财边界

核算共享即 ERP+OA，一直以来是传统财务共享中心的定位，也是一个承前启后的关键性环节，财务共享中心在这个阶段充分发挥着集约效应，以规范化、标准化的核算流程将内部资源进行整合。事实上，随着财务共享中心的运营逐渐稳定，如何寻找财务共享中心新的突破口和增长点是共享中心管理者应该思考的关键问题，面对这样一个新的挑战，管理者将以企业业务作为主要发力点，充分发挥财务共享与业务之间的协同关系，以支撑企业业务的发展。

在此基础之上，近些年财务共享中心逐渐发展为企业和共享中心管理者心目中的重要抓手，在推动企业业务和财务共享中心的深度融合中发挥重要的作用。财务共享系统在沉淀、积累大量有价值的业务和财务信息的过程中，充分利用自身连接前后端业务系统和管理系统的优势，持续推进业务流程、会计核算流程以及管理流程的深度融合。

对企业标准财务核算工作的集中化处理，是财务共享服务中心的显著特点。而在这个集中处理的过程中，必须保证业务信息系统与财务信息系统之间的连贯性，一旦二者之间存在大量断点，将会让整个财务共享中心负重。由于线下纸质单据的直接流转，需要大量的时间和精力进行二次信息采集和加工，极大程度地降低了财务共享中心的处理效率，也势必影响整个企业的财务运营。因此，在当前的财务共享服务中心的构建中，企业十分看重对业务和相关信息处理流程的梳理，致力于实现业务系统与财务系统的高度集成，打通和连接业务信息系统和财务信息系统之间的断点，从而实现业务端到财务端的高效、自动化流传运行。

◆ 重塑人机边界

如今，数字技术在发展中正不断地融入财务共享系统。从初步应用移动报销、审批和 OCR 的探索时期，到利用 RPA 对企业日常简单且重复的财务工作的替换，逐渐发展为当前我们所看到的 AI 建模、智能报销和审单，数字技术的融合和应用已经让整个财务共享系统日新月异。

在数字技术的不断发展中，数字员工和智能助手被逐渐普及，带给企业更加方便、快捷的发展体验，大大提高了企业的工作效率。比如，数字员工在日常工作中，可以代替财务人员处理大量简单、重复、标准化的基础性工作，而更加复杂的工作场景和工作内容，则可以交给智能助手应对。

由此可见，企业数字化转型的过程也即实现知识赋能的过程，而且这个过程与传统的知识赋能过程相比，更加直观、高效，数字化转型更大范围的运用能切实地帮助企业在运营过程中降低风险，精准识别潜在风险，提前预警风险的来临，并在这一识别追踪的过程中定位带来风险的关键因素。

财务业务处理中心

随着财务共享中心的不断发展，新一代财务共享服务中心的业务范围逐渐扩大，它将不再局限于传统意义上的自动化核算，而是一个能够进行财务、业务处理，能够管理和控制相关方面的决策，能够经营核算报告、业务、财务融合数据的中心机构。而且在处理各项业务时，新一代的财务共享中心的服务能力更强、价值更高。

传统财务共享服务中心核算共享的主要工作内容便是将企业财务核算工作中的部分工作内容进行共享。一般来说，共享的内容局限于费用管理、总账以及账目明细管理、资金资产管理收账以及发票管理等方面重复化、标准化、流程化的管理业务，而这也是被普遍认为适合财务共享的内容。至于一些更高层面的，不易实现标准化、流程化的业务则难以实现这一层面的共享，而需要单独进行加工处理。由此可见，传统意义上的财务共享只是对基础业务标准化的处理，就企业业务的参与度来看，财务共享始终停留在一个难以突破的低端层面。

对新一代信息技术以及管理会计思想的整体性融合使新一代财务共享实现了对传统财务共享的重大突破，满足了更高层面管控和协同业务的需求，能够协助企业中的各机构以及集团开展承上启下的工作。新一代财务共享的产生极大地拓宽了业务范围，将原来未曾涉及的业务纳入财务共享中心，使整个财务中心具备了更加复杂、更有价值的业务处理能力，而共享服务中心也从起初的标准化财务业务处理中心晋升为全面财务业务处理的综合服务中心。

在不久的将来，财务共享服务中心将在产业、财务一体化思想的基础上，依托技术中台的大力支持和新兴技术的深入融合，实现传统意义上财务共享服务中心标准化、流程化业务的全自动化处理。简单来说，传统的财务共享中心将被会计无人工厂完全代替，新一代财务共享中心的业务将大大拓展，依托这个会计无人工厂所提供的数据进行工作和运转，从而保障新一代财务共享服务中心职能的稳定发展。

控制策略管理中心

管理会计思想不断融入财务共享中心能够帮助企业在财务共享流程中嵌入内部相关方面的管控制度和要求，确保流程中重要节点的管控更加顺利流畅。同时，系统自身具有强大的数据处理和数据建模功能，这些功能都是企业管控策略的重要依托点，能够协助企业在财务共享系统中实现更加复杂多样的业务数据分析，实现对企业整体业务的高度熟悉和控制，并对业务进行实时监控管理，具体分析风险和问题，在高质量数据反哺企业管理的过程中发挥着不可替代的作用。

企业传统的财务管控方式管理控制点繁多，在各个财务流程中需要分别进行设置，业务事项的专业审核需要分别流转至具体的职能部门或具体的岗位。在这种管控方式下，想要将各项管控职能落实到位，必须将各集团财务、业务财务、共享财务进行紧密结合。

财务共享系统在决策智能化和自动化技术的支持下，已经具备了根据特定的规则自主分析和审核的能力，而这些规则是财务共享系统根据各项审核标准和决策要素提炼而来的。控制策略管理中心的有效管理通常体现在具体事务中贯穿始终的财务风险管控思想以及财务风险管控能力，在为企业进行业务管控规则提炼的同时发挥财务风险管控职能。

规则管控是新一代财务共享中心的重要功能，规则管控将所有管控的策略和规则进行统一的维护和管理，相当于系统大脑的角色，能够在运营过程中借助数字技术辅助财务人员随时协调和监管。

经营核算报告中心

依据管理会计报告的传统生成路径，数据首先需要从企业会计核算系统的账目中进行提取，再通过相关的管理会计系统进行已提取数据的处理、分析，最后生成报告。也正是因为这一路径的固定化，使管理会计报告的生成过程不具有主动性，必须依赖财务会计的核算结果。

由于财务数据本身具有一定的局限性，在规则导向下财务数据在管理和运用过程中不可避免地具有片面、虚假、滞后的缺陷，这在极大程度上限制了会计管理报告的生成，也影响了整个会计管理报告的质量和价值。

财务共享系统通过在企业中搭建经营核算报告中心，实现拥有相对比较全面、完整、实时、可靠的业务和财务数据，经营核算中心充当一个类似中枢系统的环节，对企业的前台和后台、内部和外部进行数据的实时处理、分析。

企业可以根据需要提取财务共享系统中的数据，在多口径的管理基础上，企业能够进行全方位、多维度的数据整合和提取，实时通过数据模型输出数据生成管理明细账目，形成管理会计账簿，提供给管理会计报告中心作为生成报告的基础性材料。而这样的数据整合和提取方式能够更准确地贴合不同用户的需求，形成明晰且直观的个性化管理报告。同时数据在经由核算报告中心的多重检验核算后，能够在面临经营数据时快速地进行反馈和监管，协助业务人员和管理人员进行工作和运营。

业财融合数据中心

数字化时代下的企业，肩负着实现和推进一切业务数字化转型的重任。而承担企业财务职能的财务共享中心，与传统的财务共享中心相比，需要采集和积累更全面、丰富的财务以及业务数据。在此基础上，财务共享中心将数据进行储存、集成、处理、建模以及分析，并与财务共享系统深度融合。而企业业财融合数据中心则实现了内部业财数据和外部大数据的融会贯通，能够实时开展各项数据的加工、处理服务，不断地为企业经营和企业管理决策提供真实有效的数据支持。

与企业运营相关的数据具有极其重要的价值，对数据的收集和分析甚至关乎整个企业的未来，越来越多的企业管理者也开始关注构建企业级数据中心、挖掘数据价值的重要性。如果一味地为了给企业经营和管理决策提供数据支持，而配置大量专职或兼职的数据分析人员，却可能适得其反，不仅会在收集、整理、校验数据的过程中耗费大量的时间和精力，还会影响整个数据分析的效率和质量，限制企业的总体发展。

财务共享中心拥有天然的数据优势，其打造数据中心的能力是不容小觑的。企业集团及其下属企业从各项财务、业务信息中提取得到的高价值、高标准化的数据中蕴含了与企业日常运营和管理相关的主要信息。

数据服务能力的构建是一个全方位、多维度的工程，不仅需要财务共享中心搭建相应的数据中心平台，落实数据标准化工作，建立一个完善的体系进行数字的治理和数据资产的管理，还需要培养人才、提高人才的综合能力，寻找精通财务、业务以及数字技术的复合型人才。因此，在必要的条件下，企业需要引进一批善于利用专业数据挖掘工具，构建各类深度分析应用模型的数据算法工程师。

随着底层重复、简单的会计核算工作转移至企业的业务人员和财务机器人进行处理后，企业财务人员的工作内容也会发生变化。科学技术的进步带来了业财融合的时代，也带来了人机协同共生的时代。如果企业能够充分发挥智能机器人和财务人员各自的优势，并通过双方的合作完成日趋复杂的工作内容，将会极大提升企业的运营效率。然而，如果不计成本，不考虑实际情况，大量使用机器人，而忽视财务人员的作用，从长远来看，着实不是一个明智的选择。

财务共享中心是一个有方法论支撑、有规律可循的系统性工程，这个规律正在为企业的发展提供方向性指导，避免企业走一些不必要的弯路。而财务共享建设在企业整个财务数字化建设以及企业数字化转型中都有着举足轻重的地位。数字技术的发展，使企业逐步迈进在线化、数字化、智能化的发展阶段，数据在整个数字化、智能化的进程中所发挥的作用不言而喻，而数字技术的运用不仅能够提高企业的运营效率、降低企业所需成本，对于企业商业模式的变革也发挥着关键性作用。在企业数字化转型的过程中，财务转型离不开财务共享中心积累、沉淀的价值型数据，也离不开数据智能的技术支撑。

第二十二章

机器财务：RPA 在财务领域中的应用

RPA 赋能精益流程管理

越来越多的企业将 RPA（机器人流程自动化）应用到劳动密集型工作中，进行产业自动化升级。RPA 能够辅助企业高效执行工作任务，进行监督管控、指定派遣，创建更完善的流程管理。目前，关于 RPA，不同的机构给出了不同的定义，见表 22-1。

表 22-1　各大机构对 RPA 的定义和论述

机　　构	定　　义
Gartner	RPA 是一种数字化赋能技术，它是充分利用用户界面和表面级特征这对组合创建自动处理常规性、可预测的数据转录工作的脚本。RPA 工具可以将应用软件连接起来，消除输入错误，加快处理流程，降低处理成本
IDC	考虑未来员工的群体特性，RPA 技术可以被视为一种具有预见性的技术。未来员工可能呈现年轻化、数字化的特点，不愿意从事平凡、重复、无意义的工作，这类工作就可以交由 RPA 完成
IBM	在企业以实现人工智能转型为目标的同时，企业内部单一、重复且烦琐的事务性工作却又禁锢着员工的发展。RPA 将员工从这些工作中释放出来，优化基础流程作业，降低成本、提高效率、降低失误率，是企业迈向人工智能的第一步

续表

机构	定义
麦肯锡	RPA 是一种软件自动化工具，能自动执行常规任务，如通过现存用户界面进行数据提取与清理。机器人有一个与人类相同的用户 ID，可以执行基于规则的任务，如访问电子邮件和系统，执行计算，创建文档和报告，检查文件等
埃森哲	埃森哲一直致力于 RPA 机器人流程自动化技术的研究，利用 RPA 改变了人们提供业务流程和信息技术架构服务的方式，提高了生产、合规和用户体验等方面的水平，释放了员工能力，让员工可以专注于价格更高的工作
德勤	RPA 财务机器人是一款能够将手工工作自动化的机器人软件，可以代替人工完成高重复、标准化、规则明确、大批量的日常事务，该软件与一般软件应用程序的区别在于：一般软件应用程序需要由人工操作，RPA 财务机器人可以自主操作
普华永道	RPA 是一种创新的流程优化技术，它通过计算机编程或辅助软件模拟人的操作，按照人设计的规则自动执行流程任务，俗称流程机器人或者软件机器人。RPA 财务机器人可以帮助企业实现在财务流程各个领域的自动化，如识别与认证、网银对账、税务申报、财务报告等
安永	RPA 是一项允许企业员工通过配置计算机软件或机器人抓取并解析现有应用程序处理事务、操纵数据、触发响应并与其他数字系统通信的技术应用
毕马成	RPA 可以定义为 AI、机器学习等认知技术在业务自动化中的灵活应用，可以是针对重复性工作的自动化及高度智能处理的自动化。RPA 是数字化的支持性工具，可以替代在此之前认为只有人类才能完成的工作，或者在高强度工作中作为人工的补充，是企业组织中出现的新概念劳动力

RPA 的应用在一定程度上实现了流程自动化，通过机器人代替人工从事简单、重复性极强的工作，能够快速实现企业赋能，在人力成本愈发高涨的情况下节约成本、提高效率。

RPA 之所以能够赋能精益流程管理，主要是因为其具有以下优势，如图 22-1 所示：

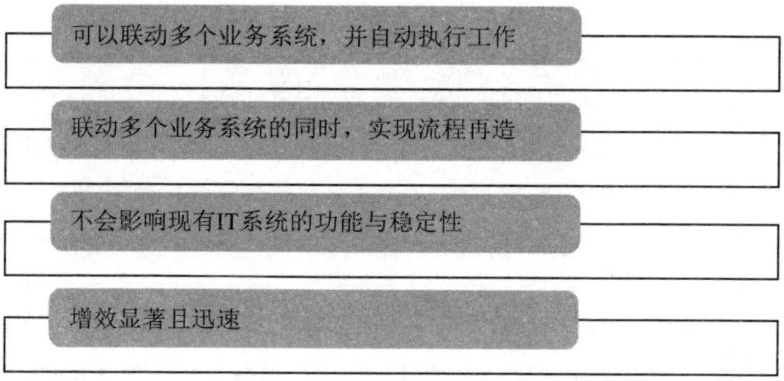

图 22-1　RPA 的四大优势

(1)可以联动多个业务系统,并自动执行工作

企业的工作系统往往十分繁杂,而 RPA 则类似于机器人员工,它可以根据预先设定的流程有条不紊地执行操作,自动从后台系统中识别、读取指令进行分析汇总、整理入库,录入完成后还可以以邮件的形式发送通知。整个过程不仅操作迅速,而且准确、高效。可以说,只需开启 RPA,它便能不知疲倦地完成任务。

(2)联动多个业务系统的同时,实现流程再造

RPA 与工业机器人具有一定程度的相似性,特别是在自动化流程方面,RPA 和工业机器人都是将模块化的工作流程进行高效低成本的串联,利用对应的技术手段在工作流程遇到效率阻碍时将其攻克,最终实现流程的自动化,并在联动多个业务系统的同时,实现流程再造。

(3)不会影响现有 IT 系统的功能与稳定性

如果我们将整个工作系统看成一个层级系统,那么处在最底层的就是核心诉求及数据;然后是一些基础功能的软件,类似 Excel、Word 和数据库;再就是我们常见的流程协同系统,比如,OA、ERP、CRM、WMS 等;处在最上层的便是 RPA,它是一个更高层级的软件应用。在帮助企业提升效率、降低成本的过程中,RPA 不仅不会影响和入侵现有的 IT 系统,反而能

协助企业已有的软件系统更加平稳、可靠地运行。

(4)增效显著且迅速

RPA 最大的优势是能够最大限度地平衡效率与成本，让企业利用最低的成本赢得最高的效率，与传统的增效方式相比，RPA 投资回报更大、周期更短。

以往，企业在有提升效率的需求时，通常会采用增加人工的方式，而忽视人工增加背后的资金、培训成本。而且，采用传统的模式开发软件，往往会因为传统模式系统的升级周期过长而受限，如果业务模式与相对应的系统开发之间不同步，还将成为企业发展的绊脚石。

RPA 的出现为企业提供了新的可能性，在提高效率、降低成本方面优势明显。RPA 的出现与具体应用能够在最大限度上将效率与收益进行平衡，无论是对比低效易出错的人工，还是成本投入产出比不高的传统模式开发软件，都能充分发挥特长与魅力。

RPA 1.0 到 4.0 的进化

人工智能技术的发展促进了 RPA 技术形态的快速演变，根据 RPA 的自动化程度可以将其划分为四个阶段，如图 22-2 所示：

◆ RPA 1.0 阶段：辅助性 RPA

在 RPA1.0 时代，虚拟助手是 RPA 扮演的主要角色。企业将 RPA 部署安排在员工的个人电脑上，协助员工在日常工作中提高整体效率。机器人自动化以及现有桌面自动化软件的主要功能和全部操作，在这一阶段的RPA过程中都有所体现。

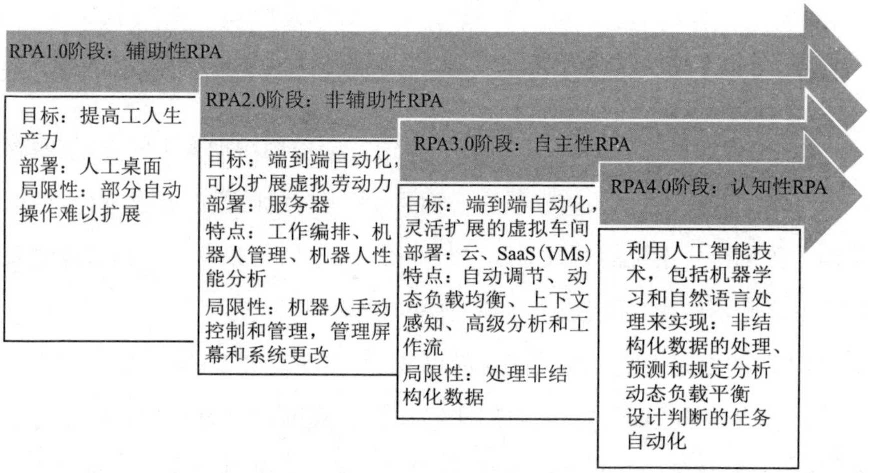

图 22-2　RPA 发展的四个阶段

◆ **RPA 2.0 阶段：非辅助性 RPA**

在 RPA2.0 阶段，从虚拟助手进一步演变为虚拟劳动力。2.0 时代克服了 1.0 时代端到端自动化难以实现的缺陷。企业在运用 RPA 的过程中，可以让 RPA 进行工作内容的编排，将机器人集中起来进行统一的管理和分析，以 VMS 虚拟机为载体，用业务流程代替人机交互 24 小时无休工作，实现更大限度的增效减本。

◆ **RPA 3.0 阶段：自主性 RPA**

在 RPA 3.0 阶段，整体的部署已经从 VMS 虚拟机转移至云服务器和 SaaS 上，而且在 2.0 时代的基础上实现了成规模多功能虚拟劳动力的运用。

在实现自动分级、动态负载平衡、情景感知、高级分析和工作流的基础上，已经实现自主性的RPA将更多的新兴技术与之进行融合，所具有的业务价值产生了一个根本性的飞跃，能够为用户带来更好的体验。但是有关处理非结构化数据方面的问题仍需处理和解决。

◆ **RPA 4.0阶段：认知性RPA**

RPA 4.0时代也很快会到来。RPA的未来发展方向以实现非结构化数据处理、预测规范分析、自动任务接受处理为目标，将复杂、重复又漫长的工作内容简单化、自动化，并在RPA认知性转变的过程中嵌入不断发展的人工智能、机器学习和自然语言处理等技术。

由此可见，RPA在1.0和2.0阶段的性质还停留在非战略性辅助IT工具，原动力则主要通过自动化技术的运用在运营的过程中减少人工的增加、降低成本。随着企业对RPA价值要求的不断提高，RPA不再局限于1.0和2.0时代的功能和作用，有条不紊地向自动化的3.0、4.0时代迈进，有效融合人才、组织变革和领导能力，根据不同的业务和具体的场景，探索独特的、有针对性的自动化解决方案，立足于具体的方案变革企业的整体运营机制。正如HFS Research在市场研究中指出的，企业实现业务运营优化、革新和转型，离不开机器人流程自动化（RPA）、分析和人工智能技术的全力助推。

从某种意义来说，这与Gartner发布的2020年十大战略技术趋势之一——超自动化中的价值观念不谋而合，它几乎涵盖了工具组合和自动化本身从发现到评估的全过程，是一个为了完成具体工作的交付囊括多种机器学习、套装软件和自动化工具的集合体。

2020年5月14日，美国AI机器处理自动化技术研发商、企业级RPA软件巨头UiPath通过AI功能实现了自动化在更复杂领域的运用，通过业界首个端到端超自动化平台，进一步利用评估工具评估的结果进行业务流程上的优化和升级，为企业的发展提供了新的可能性。再如，埃森哲所推出的 myConcerto 智能平台，全面整合数据与技术，将数字核心平台、云技术、数字技术、物联网、人工智能、机器学习、安全技术及新型 IT 技术进行系统性的应用，通过数字化运营、客户体验的提升和业务创新的不断拓展，帮助企业在平台的驱动下实现规模化转型。

财务变革与机器自动化

RPA 是固定规则下对企业内部重复、烦琐业务流程的熟练应用，而财务工作作为一个存在大量重复工作的强规则领域，其业务本身具有的特点使 RPA 技术与之高度适配，为 RPA 与财务领域的深度融合提供了可能性。

此外，RPA 的具体应用可以极大提高财务工作的准确性、可靠性、安全性和可追溯性，在实际的融合中不仅能够提高财务工作的效率，也可以为财务工作的拓展保驾护航。

◆ 可用性：RPA 财务应用中的入场券

RPA 作为一种新时代的数字化工具，擅长且适用于完成企业中重复化、标准化的工作，在具体运用中可以通过用户界面或脚本语言与系统进行全方位的交流、互动。在已经提前编写运行规则的基础上，RPA 可以模拟人工操作高效、自动地对企业标准化、重复化的工作内容进行运转执行。

也正是因为RPA的这些特征，让RPA在财务领域诸多流程的应用中都具有较高的契合度。因此，在那些重复性高、非结构化的业务中利用财务机器人代替、协助相关财务人员进行工作，不仅会大大减轻财务人员的工作负担，而且可以提高财务部门业务处的工作效率，实现投入产出比的大幅度飞跃。例如，在应付账款流程、成本分摊流程、对账流程、差旅报销流程、税务申报流程中融合应用机器人流程自动化，都可以在成本和效率上获得最优回报。

除此之外，机器人流程自动化与传统软件相比无论是在开发周期、成本预算方面，还是在操作过程、最终回报等方面都具有不容忽视的优势，也正是因为这些优势带来的可靠性和可用性，让RPA在财务领域的发展如鱼得水。

◆ 可靠性：RPA财务应用中的加速器

在以往的财务工作处理过程中，规则性强、不断重复的工作全部需要财务人员通过手动进行操作，这也导致日常操作中无法避免地出现失误和信息误差，以致需要耗费更多的时间进行复盘和验算。而RPA的出现和应用使整个运行过程的准确率无限接近百分之百，高效地保证了财务的工作质量。

再者，财务工作人员的主观原因也可能对传统的财务处理模式产生影响，而机器人流程自动化的运用在具体流程和任务的处理过程中遵循强制性的规则，几乎不会出现这种问题。机器人能够全天候无休不间断工作，所受的人为干扰少，工作严格按照既定的规则进行，准确性高，能够更大范围提高工作效率，减轻财务人员的工作压力。

将部分财务工作交给RPA后，可以让剩余财务人员的精力发挥在更有价值、更需要的地方，让财务部门不再局限于传统的工作模式，实现部门整体价值的升华。

◆ 安全性:RPA 财务应用中的保护伞

在财务工作中往往还涉及一些财务数据、账号密码、员工信息等高保密内容,但传统的财务工作模式显然不利于保护企业机密数据。RPA 技术,则无疑是一种更安全、更可靠的手段,能够从信息接触的源头降低数据泄露、隐瞒、欺骗的风险,提高整个财务工作流程的安全性。

除了本身的天然优势外,RPA 在涉及财务数据、账号密码、员工信息等敏感内容被泄露、窃取时还可以采取有针对性的安全措施和安全解决方案。同时,代码维护、审核日志、数据保护与加密、访问权限控制与分配等都能促使 RPA 的业务流程安全稳定,预防企业安全系统被乘虚而入。此外,随着区块链技术的推广与应用,RPA 的安全性和稳定性也将得到进一步的提升。

◆ 可追溯性:RPA 财务应用中的护卫队

RPA 的可追溯性,指的是它能够调查、追溯财务机器人在运转过程中以及财务业务处理过程中的操作。

一般情况下,企业只需要借助 RPA 所提供的管理平台便可对相对应的财务管理机器人进行管理、部署、调动,通过在查看 RPA 的运行状况、时间以及具体业务流程的运行状况时进行适当的监管,能够确保 RPA 在财务工作的具体实践中运行正常。

此外,RPA 还可以满足企业对各项财务项目的监管审计需求,通过自带的录屏、日志追踪、数据溯源进行准确监控,及时查漏补缺,发现问题并根据实际情况持续跟踪,制定针对性方案,不断优化整体流程中的细节,促进财务机器人更好地融入财务工作。

RPA 在各领域的应用场景

数字技术的进步和数字化经济的发展激发了金融、财务、保险、制造、证券等多个行业对非结构化数据业务自动化的需求，导致 RPA 的需求量在世界范围内都有大幅增加。

◆ 智能金融

银行与自动化的结合具有天然的优势：一方面，银行的报告流程和业务重复性很高；另一方面，RPA 拥有的自动记录和可追溯的特性契合了银行对于安全等方面的要求。因此，在银行中配置 RPA 机器人既是推进银行产品服务自动化的需要，也是促进银行管理向自动化、智能化发展的需要。

现在在银行的总账、反欺诈、KYC 流程、客户服务、风险监测、交易纠错、应付账款、同业对账、申报增值税、自动生成报告、抵押贷款审批流程、信用卡审批流程等许多业务中都能够发现 RPA 的身影。例如，中国工商银行在进行单位结算账户自动备案、国库退税自动核对、跨行大额报文分拣等工作时就运用了 RPA 技术；中国建设银行在进行反洗钱明细信息补录、清算资金自动对账、信用卡中心风险换卡等工作时也采用了 RPA 技术。

◆ 智慧财务

位于企业管理中枢的财务管理在数字时代最先感受到转型对企业的重要性和紧迫性，并以实现自动化和智能化为目标向智慧财务方向转型。

在安永会计师事务所（Ernst & Young）提供的一项调查数据中，有 62%的财务高管认为财务流程的自动化会对他们未来一到两年的业务形成影响。财务管理具有强标准性、高重复性的特点，但又在企业管理中处于重要位置，因此，RPA 将会首先在财务管理方面有重要应用。RPA 可以在无须人工的前提下自动处理财务监管、高频交易、大容量数据、企业财务与会计、市场预测与分析、应收与应付账款等工作，减少企业在财务管理方面的人力投入。

◆ 智能保险

保险行业因为业务信息和用户信息非常庞杂，有大量的单据和客户信息需要人工处理，在传统核保和理赔方面更是不得不花费许多人力和物力。

RPA 恰好具有能够批量自动处理重复性、规则性工作任务的特性，不但可以为保险客户在减少成本的同时提升效率，还可以在保证零差错的前提下 7×24 小时全时段工作，在索赔处理、承保处理、客户运营、财务税务、监管报送等工作中发挥重要作用，为保险业务全面赋能，不断优化客户体验。

◆ 智能制造

制造业从始至终都非常重视对机器人技术的应用。从前，为了提高产品生产过程的自动化程度，企业通常利用物理机器人对产品进行组装、测试和包装。现在，企业可以利用软件机器人对需要人力操纵的后台流程进行布置安排。机器人参与工作不但可以避免由人为因素引起的意外，还能够实时对落后于监管需求的供应链管理系统进行升级和更新。

RPA 帮企业员工分担了许多重复性、机械性的工作，让员工能够有时间和精力进行高创造性、强逻辑性、高价值的工作，为企业增强核心优势、提升产品创新能力、从传统制造业向数字化制造业转型提供了极大助力。比如，在第四次工业革命中崛起的灯塔工厂，便是通过智能自动化生产的方式打破了工业领域在科技创新方面的上限，并获得了重新制定行业标准的权利。